타로카드를 더 잘 해석하기 위한

암기할 필요 없는 타로 2
'마이너 아르카나' 편

Simple tarot you don't have to memorize

미미코 지음
김수정 옮김

한스미디어

'마이너 아르카나'를 알면
타로가 더 자세하게 읽힌다!

여러분, 안녕하세요! 점술가 미미코(彌彌告/MiMiKO)입니다. 《암기할 필요 없는 타로》에 이어 《암기할 필요 없는 타로 2 - 마이너 아르카나 편》으로 다시 인사드립니다. 타로 점을 친근하고 가볍게 받아들이길 바라는 마음을 담아 작년에 책을 출간했었습니다. 앞서 낸 책을 통해 달달 외운 카드의 키워드에 얽매이지 않고, 타로카드가 전하는 '이미지'를 활용해 답을 찾는 '미미코 스타일'을 소개했었죠.

특히 '바보(THE FOOL)'를 주인공으로 22장의 메이저 아르카나를 그림책처럼 엮어 하나의 이야기로 자연스럽게 카드가 품은 의미를 이해할 수 있도록 연출했었습니다. 그런 구성 덕분에 타로를 더욱 잘 이해할 수 있었다며 많은 독자께서 큰 사랑을 보내 주셨습니다.

그런데 전편에서 세세하게 다뤄지지 않았던 '마이너 아르카나'의 세계를 더 자세히 알고 싶다는 요청 또한 많았습니다. 이번 책은 그 요청에 부응하기 위해 준비했습니다.

타로카드는 모두 78장인데, 그중 마이너 아르카나는 56장으로 22장인 메이저 아르카나에 비해 분량이 훨씬 더 많습니다. 하지만 걱정할 필요는 없습니다. 왜냐하면 이번 책도 《암기할 필요 없는 타로》와 콘셉트가 동일하기 때문입니다.

마이너 아르카나도 모든 카드의 의미를 하나부터 열까지 다 외울 필요가 없습니다!

마이너 아르카나를 구성하는 4개 속성과 숫자가 지닌 에너지를 철저히 이해한 다음 각각의 요소를 엮어 낼 수 있다면 깜짝 놀랄 정도로 마이너 아르카나와 가까워질 수 있답니다!

이번에도 메이저 아르카나 편의 주인공 '바보(THE FOOL)'가 다시 등장해 여러분의 이해를 도울 예정입니다. 사랑스러운 바보의 안내에 따라 마이너 아르카나의 세계에 푹 빠져 볼까요? 이 책을 다 읽었을 때는 모든 카드를 자유롭게 구사하며 더욱 깊이 있게 타로를 해석하는 자신의 모습을 발견하게 될 것입니다!

신나는 타로의 세계로 다시 한번 여러분을 초대합니다.

2024년 8월 미미코

타로 점의 기본

본 내용에 들어가기에 앞서 타로에 대한 기본적인 내용부터 복습해 볼까요?

타로 점의 기초 중의 기초

타로 점은 보통 다음 네 가지 순서를 거칩니다.

'카드를 골고루 섞는다 → 세 묶음으로 나눈다 → 펼친다 → 고른다'

타로 점은 서양의 점성술이나 손금 같은 다른 점술과 비교했을 때, 점을 보기 위한 생년월일 정보나 감정 기술이 따로 필요하지 않습니다. 타로는 특별한 기술이 필요 없는 점술이라는 점에서 세계적으로 많은 사랑을 받고 있습니다.

방법은 단순하지만, 연애·일·인간관계 등 다양한 내용을 점으로 볼 수 있어서 언제든 당신 인생의 든든한 지원군이 되어 줍니다.

타로카드의 종류와 매수

타로카드에는 정말 많은 종류가 있는데, 이 책에서는 **'라이더판(版)' 카드를 사용**합니다.

비교적 저렴한 가격에 구매할 수 있어서 세계적으로 가장 인기 있는 카드입니다. 처음에는 라이더판 카드로 시작하고, 그다음에 디자인 요소가 들어간 카드를 사용하는 것을 추천합니다. 그러면 카드를 해석(리딩)하기가 더욱 쉬워지기 때문입니다.

라이더판 카드

타로카드는 모두 78장입니다. **신의 계시를 의미하는 '메이저 아르카나' 22장과 일상의 사소한 사건을 의미하는 '마이너 아르카나' 56장**으로 구성되어 있죠.

이 책은 메이저 아르카나를 중심으로 한 《암기할 필요 없는 타로》의 속편으로 56장의 **마이너 아르카나를 중심으로 해설**을 이어가기 때문에, 꼭 위의 책과 같이 보는 것을 권장합니다.

정방향, 역방향에 따라 달라지는 의미

타로 점에서는 카드를 뽑았을 때 점치는 사람을 기준으로 그림이 바로 보이면 정방향, 그 반대로 보이면 역방향이라고 정의합니다. 역방향은 일반적으로 그 카드가 지니는 의미의 반대를 가리킵니다.

이처럼 방향에 따라 의미가 전혀 달라지는 것도 타로카드의 특징입니다(카드의 종류에 따라서는 이 정의가 적용되지 않기도 합니다).

타로 리더(점 치는 사람)가 봤을 때 그림이 바르게 보이는 경우가 정방향이고 반대로 보이는 경우가 역방향입니다.

(올바른 카드 뒤집기)
가로로 뒤집는다   정방향

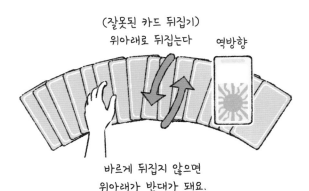

(잘못된 카드 뒤집기)
위아래로 뒤집는다   역방향

바르게 뒤집지 않으면
위아래가 반대가 돼요.

타로 점은 인스피레이션이 가장 중요

이전에 펴낸 책에서 타로 점을 볼 때 인스피레이션이 그 무엇보다 중요한 요소라고 말씀드렸었는데요, 이번 마이너 아르카나 편에서도 마찬가지입니다.

타로를 배우기 시작했을 때 저 또한 느꼈지만, 마이너 아르카나는 메이저 아르카나보다 정보량이 적어서 깊이 이해하기 어렵다는 벽이 존재했습니다.

한 장의 카드에 담긴 수십 가지의 의미로부터 복잡한 문제의 답을 끌어내는 것은 굉장히 어려운 작업이라 저도 리딩의 요령을 터득하기까지 오랜 시간이 걸렸습니다.

그렇다면 그 요령이란 무엇일까요?

바로 도표를 통해 끌어내는 인스피레이션입니다.

미미코 스타일은 마이너 아르카나의 의미를 한 장씩 통째로 외우지 않고, **속성과 숫자의 조합**으로 해석합니다. 혹은 **속성과 속성을 엮어서 만든 도표의 스타일**을 참고해서 읽어 나가기도 합니다.

각 카드에 담겨 있는 의미를 달달 외우지 않고 도표로 이미지를 만들어 낸 인스피레이션을 통해서 점괘의 답을 도출하기 때문에 외워야 할 요소가 확연히 줄어듭니다.

구체적인 방법은 Chapter 1과 2에서 자세하게 설명할 예정입니다!

CHAPTER

1 / 마이너 아르카나의 세계로

CHAPTER 2 / 마이너 아르카나의 도표를 철저하게 이해하자!

CHAPTER

3 / 스프레드 방식[전개법]으로 점을 쳐 보자!

CHAPTER

4 / 미미코 스타일의 실제 리딩 사례

CHAPTER
1

마이너
아르카나의
세계로

트럼프 카드와 비슷한
마이너 아르카나의 구성

보통 타로카드 하면 연인, 사신, 태양 등과 같은 그림을 떠올리곤 합니다. 이러한 이미지들은 '메이저 아르카나'라고 불리는 22장의 카드에 해당합니다.

이전 책에서는 메이저 아르카나를 중심으로 한 타로 이야기를 살펴보았는데요. 이번에는 메이저 아르카나를 제외한 56장의 '마이너 아르카나'를 익힐 예정입니다.

메이저 아르카나는 각 카드의 의미가 강해서 한 장만으로도 충분한 상징성을 가지지만,

마이너 아르카나는 4개 속성의 의미와 '흐름'을 파악하는 것이 매우 중요합니다.

그리고 이번 책에서는 이 마이너 아르카나의 세계를 자세하게 해설할 예정입니다.

마이너 아르카나는 **하트, 스페이드 등으로 이루어진 트럼프처럼 4개 속성[완드/지팡이, 펜타클/동전, 소드/검, 컵/잔]이 있고 여기에 해당하는 4원소**가 있습니다.

또한 각각의 속성에 대한 1~10까지의 숫자[핍] 카드와

킹, 퀸 등의 궁정[코트]을 상징하는 4개 속성의 카드로 구성되어 있습니다.

타로의 궁정 카드(코트 카드)와 트럼프 카드의 다른 점이라면, 궁정 카드의 종류가 하나 더 많다는 것과 조커 카드가 없다는 것입니다.

마이너 아르카나의 구성 (완드를 예시로)

Wands(지팡이)

── 1에서 10까지의 숫자(핍) 카드 ──

PAGE(시종)　　**KNIGHT(기사)**　　**QUEEN(여왕)**　　**KING(왕)**

── 궁정(코트) 카드 4장 ──

메이저 아르카나와 마이너 아르카나를 모두 합친 78장으로 점을 볼 때, **메이저 아르카나가 조금 더 메시지가 강한 중요한 계시**라는 점을 염두에 두고 리딩하면 훨씬 깊이 있는 해석이 가능합니다.

마이너 아르카나를 이해하기 위한
가장 중요한 기본 - 4개 속성

마이너 아르카나를 리딩할 때 가장 중요한 기본은 마이너 아르카나를 구성하는 요소인 **완드/Wands(지팡이), 펜타클/Pentacles(동전), 소드/Swords(검), 컵/Cups(잔)의 4개 속성(4원소)을 아는 것**입니다.

이다음에 나오는 도표를 이해할 때도 각 속성의 이미지를 얼마나 확장할 수 있느냐에 따라 앞으로의 리딩 능력이 달라집니다.

예를 하나 들어볼까요? 완드는 불의 속성을 가지는데요, 불이라고 하면 여러분은 어떤 이미지가 떠오르나요?
'뜨겁게 타오르는 열정이나 의욕, 혹은 무엇이든 최선을 다해서 노력해 보자!'처럼 적극적으로 활동하는 이미지가 떠오르지 않나요?

타로 리딩은 바로 이 **이미지를 떠올리는 능력이 가장 중요**합니다. 왜냐하면 완드 카드가 나온 시점에서 그것이 어떤 카드이건 완드가 갖고 있는 역동적인 의미(역방향의 경우에는 반대의 의미)가 해석의 바탕이 되기 때문입니다.

한편, **펜타클은 땅의 속성이므로 대지의 이미지**를 떠올릴 수 있습니다. 예를 들어 생명의 기원을 뜻하는 대지, 성실하고 꾸준하게 기반을 다지는 모습, 쑥쑥 식물을 키워내는 이미지, 물질적인 풍요 등을 나타냅니다.

소드는 바람의 속성을 가집니다. 바람은 다른 속성과 다르게 눈에 보이지 않습니다.

4개 속성 / Four Elements

완드(지팡이)
=불

불이 나타내는
것은 행동, 에너지,
자신감, 남성성,
시작하려는 충동, 의
욕입니다.

펜타클(동전)
=땅

땅이 나타내는
것은 견실함, 안정,
육성, 자연, 일,
육체, 물질적인
축복, 소유물,
돈입니다.

소드(검)
=바람

바람이 나타내는 것
은 지성, 전략, 변화,
갈등, 공정과 부정,
냉정함,
지적 활동입니다.

컵(잔)
=물

물이 나타내는
것은 애정, 가족, 감
정, 직감,
여성성, 상상력,
인간관계, 행복,
슬픔입니다.

그래서 **자유롭고 경계가 없습니다.**

또한 폭풍처럼 난폭한가 하면, 산들바람처럼 부드럽게 뺨을 어루만지는 듯한 모습에서 **변화와 전략을 떠올릴 수 있습니다.** 한편 검의 냉정하고 예리하다는 특징에서 **공정과 부정을 이미지화**할 수도 있습니다.

컵은 물의 속성을 나타냅니다. 물의 이미지는 **생명의 원천, 그리고 상냥함과 여성성**을 상징하기 때문에 애정이나 가족, 상상력이나 행복, 눈물이나 슬픔을 상상할 수 있습니다.

각 아이템과 4원소를 연결 짓는 요령

각 아이템과 속성을 연결 짓는 요령을 알려드리겠습니다.
자, 어떤가요? 이미지가 샘솟지 않나요?

완드 / Wands = 불
지팡이에 불을 붙인 횃불의 이미지

펜타클 / Pentacles = 땅
성실하게 기반을 다지고, 차곡차곡 돈을 모으는 이미지

소드 / Swords = 바람
검을 쉭쉭 휘둘러 날카로운 바람을 일으키는 이미지

컵 / Cups = 물
감정, 상냥함, 수분, 애정 가득한 이미지

마이너 아르카나와 숫자와의 관계

마이너 아르카나의 숫자 카드를 리딩할 때도 **숫자가 지니는 이미지를 어디까지 확장할 수 있느냐가 관건**입니다. 그리고 이 능력은 카드를 해석할 때 커다란 무기가 됩니다.

숫자 1이 가진 이미지에 대해 몇 가지 예를 들어 보겠습니다.

- 아무것도 없는 곳에서 생기는 물건이나 사건
- 시작의 에너지, 모든 시작과 새로움
- 개인, 개성, 독립, 하나에 집중, 오리지널리티, 유일무이

그리고 1은 남성성의 상징이기도 하기에 영웅, 미래지향, 리더십 등으로 이미지를 확장하려고 마음만 먹으면 얼마든지 가능합니다.

이처럼 **떠올릴 수 있는 이미지의 폭이 넓어지면 리딩도 더욱 깊어져서 원하는 메시지를 읽어 내기가 쉬워집니다.**
이미지가 떠오를 때 숫자와 함께 메모를 해 두면 나중에 개인적으로 참고할 수 있는 중요한 자료가 되기 때문에 한번 시도해 보시길 추천합니다.

그렇다면 이제 각 숫자가 지닌 에너지와 4개 속성의 관계를 바보의 이야기와 함께 소개하겠습니다!

1에는 사물의 시작과 잠재의식을 개화시킬 에너지가 있어!

1을 이미지로 한 카드의 의미

 × 1

정방향

의욕 가득한 시작 /
열정적인 사랑의 시작 /
도전 정신 / 강한 의지 /
자신감

역방향

어려운 시작 / 사랑의
열정이 식음 / 첫사랑은
이루어지지 않음 / 결심이
흔들림 / 부족한 힘

ACE of WANDS.

 × 1

정방향

전략적인 시작 /
사랑의 밀고 당기기에서
이김 / 지적인 상대와의
사랑 / 사유적

역방향

무계획적인 시작 /
생각이 맞지 않는
사람과의 사랑 / 계획이
없어 실패함 / 악수(惡手)

ACE of SWORDS.

 × 1

정방향

착실한 시작 /
진지한 사랑의 시작 /
육성하기 시작함 /
돈이 수중에 들어옴

역방향

자금이 부족한 시작 /
문제 있는 사람의 시작 /
실력 부족 / 인맥이 없음

ACE of PENTACLES

 × 1

정방향

연애의 시작 /
배려심 있는 상대 /
감성이 개화함 /
취미를 시작함

역방향

사랑의 시작은 실패 /
무정함 / 직감이 틀리다 /
상상력의 결여 /
여성성이 없음

ACE of CUPS.

미미코's point

구름에서 나온 손이 불·땅·바람·물, 4원소를 들고 있는 상징적인 카드로, 에너지가 생겨나는 순간(시작)을 나타냅니다. 타로의 세계에서 왼쪽은 과거, 오른쪽은 미래를 의미하므로, 미래의 방향에서 손이 나온 완드(도전이나 열정)나 컵(연애나 감정)은 가능성을 믿고 미지의 세계에 뛰어 드는 용기가 필요하다는 것을 보여줍니다. 과거의 방향에서 손이 나온 펜타클(물질이나 육성)이 나 소드(전략이나 지성)는 경험 축적이 필요하기 때문에 과거에서 비롯된 도움을 보여줍니다.

두 가지 사물이 존재하면 '분리'와 '선택'이 생겨나지!

2를 이미지로 한 카드의 의미

 × 2

정방향
안정과 행동 중에 선택 / 실적을 얻을 수 있는 계획의 수립 / 순조로운 교제

역방향
구체적으로 시작할 수 없음 / 경쟁자에게 짐 / 모험을 할 수 없음 / 겁쟁이

 × 2

정방향
어느 쪽이 좋은지 파악함 / 스펙으로 고른 상대 / 선택해야 할 본질을 알고 있음

역방향
타산적이라 고르지 못함 / 생각이 많아서 실패함 / 상대가 보이지 않음

 × 2

정방향
두 가지 일이 양립함 / 연애 후보가 두 명 나타남 / 나누어 받음 / 2배를 받음

역방향
두 가지를 원하다 모두 실패 / 양다리를 걸칠 수 있음 / 구두쇠 / 미숙함 / 손실 / 제멋대로임

 × 2

정방향
상대를 생각하는 마음 / 이상적인 상대 / 최고의 파트너 / 서로 사랑하는 마음을 실감함

역방향
식어버린 애정 / 제멋대로인 사랑 / 실연 / 서로 이해하지 못함 / 낙담 / 짝사랑

미미코's point

2의 카드는 모든 속성이 사물의 양극화를 나타내는 한편, 연결이나 공존의 이미지도 있습니다. 완드 중 하나는 성에 고정되어 있고 다른 하나는 지구본을 들고 모험을 꿈꾸는 남자가 쥐고 있는 이미지를 통해 미지의 모험에 떠날 것인가 말 것인가를 고민하는 모양입니다. 펜타클은 2개의 사물을 왔다 갔다 끝없이 계속 돌립니다. 또, 소드는 눈을 가리고 어느 쪽으로 검을 휘두를 것인가를 생각하고 있는 듯하죠. 다만, 컵만 이질적으로 공존이나 연결의 의미가 강한, 행복한 연인의 그림입니다.

신의 숫자인
3이 가져다 주는
'안정'과 '발전'!

3을 이미지로 한 카드의 의미

 × **3**

정방향

현재 상태 이상의 발전 /
발전 가능성이 있는 연애
/ 바깥 세계로의 도전 /
희망이 있음

역방향

잘못 예측하여 실패 /
실망스러운 연애 /
사물이 정체됨 / 실망함

 × **3**

정방향

피할 수 없는 이별 /
상심 / 이별의 가능성 /
자신감 상실 / 슬픔 /
외과 수술

역방향

실연에서 회복함 /
괴로운 경험을 통해 배움 /
예상 범위 내의 실패 /
포기가 정답

 × **3**

정방향

기술의 향상 /
함께 성장할 수 있는 상대
/ 결혼을 의식함 /
재주가 있음 / 의논

역방향

되는 대로 하는 일 /
서로 이해하지 못하는
연애 / 프로의식의 결여 /
미숙함 / 미완성

 × **3**

정방향

팀워크의 승리 /
미팅 / 축복 / 피로연 /
마음이 잘 맞는 동료

역방향

이기적이라서 실패 /
삼각관계 / 축복받지
못하는 사람 / 외톨이 /
비협조적

미미코's point

3은 점이 면이 되고, 비로소 안정적인 상태를 이루는 삼위일체이며, 세 종류의 신기 등 신과 관련된 숫자입니다. 완드 2에서 모험을 떠날 결심을 하지 못하던 남자가 기대를 품고 여정에 나섭니다. 펜타클은 장인이 시공주와 상의하며 무언가를 만들고 있고, 컵은 3명의 미녀가 축배를 들고 있네요. 각각을 '장인 카드', '축배 카드'라고 기억해 둡시다. 카드 대부분이 정방향일 때 긍정적인 의미를 가지는데, 소드만은 다릅니다. 아픔이나 이별도 필요한 경험이라는 듯 '슬픔의 개화'를 가져다줍니다.

4의 에너지는
현재 상태가 계속되길
바라는 마음이라고!

4를 이미지로 한 카드의 의미

 × **4**

정방향

안정된 상태 /
행복한 결혼 / 인생을 함께
하고 싶은 상대 /
순조로운 비즈니스

역방향

조직의 붕괴 /
불안정한 연애 / 가정불화
/ 인간관계의 스트레스 /
배신자

 × **4**

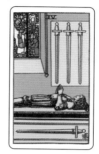

정방향

현상 유지 / 매너리즘에
빠진 상대 / 일시적인
안정 / 고요하게 바라보는
시기 / 변화가 없음

역방향

깨어남 / 멈춰 있던 계획이
진행되기 시작함 / 갑자기
시작되는 사랑 /
갑작스러운 움직임

 × **4**

정방향

굳건한 수비 / 안정적인
금전운 / 돈에 견실한 상대
/ 집착하는 사랑 / 안정된
기업 / 확실

역방향

집착을 놓음 /
안전 신화의 붕괴 /
스토커 기질 / 다음 단계

 × **4**

정방향

심사숙고 중 / 만족할 수
없는 상대 / 지루한 연애 /
일의 선택 / 불만이 있음

역방향

생각보다 행동 / 사귀고
나서야 깨닫는 사람 /
도전해 봄 / 손에 쥐어 봄

미미코's point

3의 세계에 점 하나가 추가되어 사각형이 생겨났습니다. 더욱 안정된 형태로 진화한 4의 세계는 전보다 더 견고하게 안녕을 지켜 내려는 태도나 계속하는 힘을 만들어 냅니다. 따라서 보수적이고 조직적인 시스템을 창출해 내고, 발밑에 뿌리를 내리는 듯한 이미지입니다. 완드처럼 행복의 상징이기도 하고, 펜타클처럼 집착과도 같은 지켜 냄을 나타내기도 합니다. 소드는 휴식하는 모습, 컵은 공중의 손이 내민 것을 받아들일지 깊이 고민하는 모습이네요. 각각의 카드모두 그 상태가 오래 지속될 것으로 보입니다.

파괴와 고난의 에너지.
하지만 앞으로 나아가기 위해서는
필요한 과정이래!

5를 이미지로 한 카드의 의미

 × 5

정방향

필요한 충돌 / 싸움이
끊이지 않는 두 사람 /
영토 확장을 위한 싸움 /
출세는 가시밭길

역방향

싸움의 끝 / 화해 /
고난을 함께 이겨낸 동료 /
뭐든지 말할 수 있는 상대

 × 5

정방향

잔인한 태도 / 질투심
강한 상대 / 제멋대로인
사랑 / 폭력으로 해결 /
악덕 기업

역방향

리더십이 필요함 / 빼앗김
/ 좌절 경험이 있는 상대 /
포기도 필요함

 × 5

정방향

병에 걸림 / 마음이
가난한 상대 / 불행한
결혼 / 금전적인 곤란 /
도움이 없음

역방향

약간의 구원 /
소지품을 잃어버림 /
상대의 마음을 보지 않음
/ 경제력의 부족

 × 5

정방향

나쁜 방향으로 생각하는
버릇 / 흠을 들추는 사람 /
후회로 가득한 결혼 /
해결책이 보이지 않음

역방향

해결 방법을 앎 /
연애를 다시 생각함 /
희망이 솟아남 /
자기 잘못을 깨달음

미미코's point

4에서 견고했던 안정은 언젠가 파괴됩니다. 5가 가진 에너지는 어느 속성에서든 고난의 부정적인 면을 동반하기 때문에 정방향 모두에서 어려움을 의미합니다. 그런데 역방향의 의미마저도 약간 좋은 정도에 그치는 보기 드문 숫자입니다. 완드는 다툼을, 펜타클은 자본주의 사회에서 가장 비참한 빈곤을, 소드는 상대의 물건도 전부 자기 것으로 삼는 약탈자를, 컵은 부정적인 면만 보는 것을 의미합니다. 이러한 파괴와 고난은 다음 숫자인 6으로 이어지는 데 필요한 과정이라고 할 수 있습니다.

성공과 도약을
동반하는 에너지를 가진
6은 행운의 숫자야!

6을 이미지로 한 카드의 의미

 × **6**

정방향

승리의 개선 / 사업 확장 / 좋은 조건의 결혼 / 성공한 상대 / 시험에 합격함

역방향

이길 수 없음 / 바람피울 가능성 / 방심해서 실패함 / 협력하는 사람이 없음

 × **6**

정방향

곤란한 상황에서 벗어남 / 공통된 인식을 가진 상대 / 장거리 연애 / 여행이 길함 / 이동

역방향

운수가 꽉 막힌 상황 / 발전 가능성이 없음 / 목표가 보이지 않는 연애 / 정체기

 × **6**

정방향

투자 성공 / 수익 증대 / 사람들에게 나누어 줌 / 안정된 수입의 상대 / 인격자

역방향

패배의 예감 / 손실이 생김 / 위선적인 상대 / 형식적인 결혼 / 의존되는 관계

 × **6**

정방향

과거를 통해 배움 / 예전에 사귀었던 사람과 다시 불타오름 / 전통을 지킴 / 촌수가 가까운 친인척

역방향

과거의 실패 / 옛 영광 / 잊을 수 없는 연인 / 조상과 얽힌 문제 / 낡은 생각

미미코's point

5에서 파괴된 상황을 극복하고 한층 더 발전하는 방향으로 진화한 6의 에너지가 보이시나요? 신의 숫자인 3의 배수이기도 한 6은 모든 속성이 정방향일 때 긍정적인 의미를 가지는 행운의 숫자입니다. 완드는 승리와 발전, 펜타클은 자비와 부의 분배, 소드는 고난에서의 약진, 여행의 시작, 통합·탈출, 컵은 과거를 통한 배움과 발전의 이미지를 그릴 수 있어서 마이너 아르카나 중에서도 더할 나위 없이 좋은 숫자입니다. 보통은 살벌한 의미를 가진 소드라도 6이라면 마음이 조금 놓입니다.

계속과 쇠퇴가 교차하는 분기점의 에너지를 가졌다지!

7을 이미지로 한 카드의 의미

 × 7

정방향

유리한 입장 / 끝까지 지켜
내는 힘 / 의지가 되는
상대 / 고군분투 /
용기 있는 사람

역방향

기진맥진 /
계속하는 것에 허무함을
느낌 / 이상적인 상대를
좀처럼 만날 수 없음

 × 7

정방향

도난당함 /
나를 속이려는 상대 /
사기 결혼 / 악질적인 상술
/ 도망감

역방향

진실이 보임 /
공개적으로 비난받음 /
속은 것을 눈치챔 /
사업의 악화

 × 7

정방향

지켜보는 상태 /
지루한 업무 / 상황을
지켜보는 연애 / 이상과의
괴리에 고민함

역방향

물질적인 성과를 얻을 수
없음 / 아무것도 안 하고
실패 / 결단을 내려야 할
시기의 두 사람 / 현재
상태에서 주저함

 × 7

정방향

이것도 저것도 욕심이 남 /
망상의 상대 / 본질의 결여 /
우울한 경향 / 혼란

역방향

현실적인 결단 / 꿈에서
깨는 사람 / 안개가 걷힘 /
구체적으로 진행되기
시작하는 일

미미코's point

6에서 조화를 이루었던 상태를 유지하려는 흐름과 쇠퇴의 길로 이어지는 흐름으로 나뉩니다. 성공을 지키고 체계를 만들려는 모습을 보이는 완드나 펜타클은 상황을 보면서 조금이라도 좋은 상황을 유지하는 것을 목표로 하는 카드입니다. 소드는 유지는커녕 쇠퇴의 시작으로 배신이나 도난을 의미하며, 그래서 저는 이 카드에 '도둑 카드'라는 별명을 붙였습니다. 컵도 망설임의 카드라서 앞을 알 수 없는 상황에 자주 나옵니다. 7은 속성에 따라 정방향의 의미가 극단적으로 갈리는 숫자입니다.

8의 에너지는 시간의 흐름.
빠르게, 천천히, 멈추고,
시작하고 바쁘다 바빠!

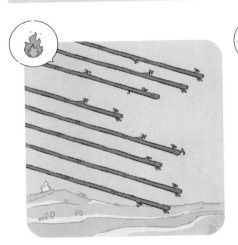

8을 이미지로 한 카드의 의미

정방향

급격한 전개 / 형세가 좋음 / 이상적인 상대와 만남 / 기쁜 인연이 찾아옴

역방향

속도의 감속 / 정체하는 업무 / 갑자기 식은 사랑 / 트러블 주의 / 악순환

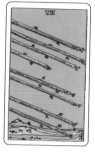

정방향

구속당하고 있음 / 자유롭지 못한 연애 / 진전이 없는 업무 / 제한이 걸린 상태

역방향

자유로워짐 / 개방적인 연애 / 기다린 보람이 있는 결혼 / 부담 없는 업무

정방향

단련함 / 장인 / 진지한 교제 / 높은 수준의 업무 / 완벽을 목표로 함

역방향

불성실함 / 농땡이 치는 버릇 / 계속할 수 없는 상대 / 칠칠치 못한 생활 / 무책임

정방향

과감한 이동 / 새로운 목표 / 다음으로 향하는 연애 / 일에 흥미가 없어짐

역방향

만회의 기회 / 인간관계의 호전 / 포기했던 사랑의 성공 / 노력한 자기 자신

미미코's point

완드 8 카드는 지팡이가 나란히 놓여 있을 뿐이라 참 해석하기 어려운 카드인데, 정방향에서는 이 지팡이가 좋은 방향으로 빠르게 움직이는 모습을, 역방향에서는 안 좋은 방향으로 느리게 움직이는 모습을 떠올리면 됩니다. 펜타클은 시간을 들여서 천천히 생성한다는 의미의 '꾸준히 카드'라는 별명이 있습니다. 반대로 소드는 몸을 꼼짝도 못 하는 정지 상태를 나타냅니다. 컵은 한 시대의 끝과 시작을 떠올리면 됩니다. 8 카드는 해석의 폭이 더욱 넓어지는 카드입니다.

9의 에너지는 결말을 맞이하기 위한 최종 단계를 나타내!

9를 이미지로 한 카드의 의미

정방향
기다리면 좋은 소식이 들려옴 / 병에 주의 / 장기전의 사랑 / 타이밍을 잼 / 준비함

역방향
수비보다 공격 / 지나치게 겁 많은 사랑 / 본격적인 시작 / 적극적으로 일함

정방향
실의에 빠져서 바닥을 침 / 성적인 문제가 있음 / 정신적으로 고통스러운 업무

역방향
괴롭고 슬픈 시기의 끝 / 광명이 보이는 연애 / 멈췄던 일의 재개

정방향
최고의 성공 / 부도 마음도 넉넉한 상대 / 꿈이 이루어짐 / 좋은 자리에 발탁됨

역방향
자금 부족 / 자신감을 잃음 / 이름뿐인 상대 / 업무나 지위의 격하

정방향
강력한 지원 / 지지받는 연애 / 원만함 / 출세할 수 있음

역방향
방심은 금물 / 과신이 불러오는 트러블 / 오만한 상대 / 한 발만 더 가면 실패

미미코's point

9는 결말이 나기 일보 직전의, 엔딩을 위한 준비나 각오의 숫자입니다. 7의 분기점에서 결말로 이어지는 스토리는 크게 두 갈래로 나뉩니다. 완드와 소드는 만신창이가 된 채 쓰라린 결과로 나아가는데, 특히 소드는 최악의 결말을 향해 갑니다. 또한 유일하게 침대에서 자는 사람이 그려진 카드로 성적인 문제를 암시하기도 합니다. 반면에 펜타클과 컵은 사랑과 풍족함을 암시합니다. 펜타클은 최고의 부나 인맥을 나타내며, 부유한 남성을 둘러싼 컵은 많은 도움의 손길을 의미합니다.

10이 가진 에너지는
멋지게 나뉘는
엔딩에 주목한대!

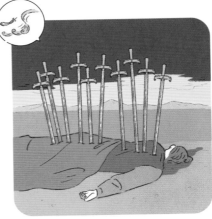

10을 이미지로 한 카드의 의미

 × 10

정방향

**너무 큰 부담감 /
너무 많은 업무를 떠안음 /
고생이 끊이지 않는 사랑**

역방향

**중압감에서 해방 /
고집을 놓으면 잘 풀림 /
부담 없이 사랑을 함**

 × 10

정방향

**자기희생의 결말 /
최악의 사태 /
서로 상처 주는 사람 /
피할 수 없는 불운**

역방향

**구사일생 /
재도전의 기회 / 상대와
내가 서로 마주보는 연애**

 × 10

정방향

**회사의 번영 /
가족 모두의 행복 /
좋은 집안의 상대와 결혼
/ 선조**

역방향

**사회의 붕괴 / 상속 다툼 /
가족의 해체 / 자금
조달할 수 없음 / 한계**

 × 10

정방향

**다행감 / 소원성취 /
사랑이 있는 가정 /
운명의 상대와의 만남 /
영속성**

역방향

**행복한 가정의 붕괴 /
회사와의 트러블 /
어긋난 관계 / 불행**

미미코's point

10은 숫자 카드의 종착점입니다. 행복한 결말 혹은 과잉된 상태가 기다리고 있습니다. 펜타클은 풍요로운 저택에 할아버지와 젊은 부부, 아이에 반려견까지 등장해 세대를 초월한 풍요와 가족(조직)의 번영을 나타냅니다. 컵의 미래는 무지갯빛 가정으로 행복의 도착점은 사랑입니다. 반면 완드는 과잉된 상태입니다. 힘겹게 싸우고, 번영을 이루고, 지켜 낸 뒤에는 혼자서 모든 것을 떠안고 가야 한다는 가혹한 결과만 있습니다. 소드는 자신을 돌보지 않은 대가로 '죽음'이라는 결과가 기다리고 있습니다. 소드의 냉혹함에 소름이 돋네요.

궁정(코트) 카드가 나타내는 인물상과 요소를 이해하자

앞에서 마이너 아르카나는 트럼프와 비슷하다고 말씀드렸는데요, 궁정 카드는 각각의 이름과 같은 궁정 인물을 모델로 합니다.

각각의 **인물상(궁정 카드의 의미)과 4개 속성을 엮어서 이미지를 떠올린다면 각 카드의 의미가 머릿속에 쏙쏙 들어올 것입니다.**

PAGE(시종)

PAGE는 시종의 지위라서 미숙한 면이 있는데, 연령대로 보자면 어린아이부터 유소년기(의무 교육 대상의 범위)에 해당합니다. 따라서 시작, 가능성, 유아성 등의 이미지가 있습니다.

여기에 불로 상징되는 열정과 같은 강렬한 요소가 결합해서 행동파에 장난기 많은 아이, 의욕 가득한 아이나 소년의 모습이 떠오릅니다.

KNIGHT(기사)

KNIGHT도 마찬가지로 젊음이 넘쳐흐르는 용감하고 도전적인 청년(고등학생)부터 성인(사회인)을 가리킵니다. 도전, 활동, 희망, 발육, 대범 등의 의미에 혈기 왕성한 불의 속성이 더해져 행동력이 돋보이는, 눈에 띄는 청년의 모습이 떠오르네요.

QUEEN(여왕)

유일한 여성 인물인 QUEEN은 성숙한 여성을 나타내며, 연령대는 성인(사회인)부터 중년(30~40대 정도)으로 한창 일할 나이에 해당합니다. 여성성에서 발현되는 지원의 성향이나 안정감분만 아니라 불의 뜨거운 성질을 가진 대담한 어머니의 이미지를 가집니다.

KING(왕)

마지막으로 KING은 책임이 뒤따르는 중노년층 영역에 들어선 중년(40대)부터 노인까지를 이릅니다. 완성, 리더, 풍부한 경험, 경영자 등의 의미가 강합니다. 여기에 불의 속성이 엮이면서 강한 기세를 가진 듬직하고 남성적인 왕의 풍격이 느껴집니다.

지금까지 완드(불 속성)의 궁정 카드를 예시로 엮어서 풀이해 보았습니다. 그렇다면 카드의 속성이 바뀐다면 어떨까요? 소드는 냉정하고 이지적이며 냉혹한, 펜타클은 성실하고 확실하며 현실적인, 컵은 상냥하고 깊은 애정이 있으며 사람들을 잘 보살피는 등과 같은 이미지에 각 궁정 카드의 요소(캐릭터)가 곱셈처럼 더해집니다.

이러한 '기본 요소의 조합 × 속성'을 하나의 이미지로 만들어서 각각의 인물상을 얼마나 잘 떠올리느냐가 궁정 카드를 이해하는 아주 중요한 첫걸음입니다.

궁정 카드의 2단계 요소

2단계 요소라니, 이게 무슨 말인지 의문을 가지는 분들이 계실 듯하네요.
각 궁정 카드에는

PAGE = 땅의 속성
KNIGHT = 바람의 속성
QUEEN = 물의 속성
KING = 불의 속성
과 같은 기본 속성이 더 있습니다.

숫자 카드에서는 숫자가 가지는 의미에 각 카드의 속성을 엮었지만,
궁정 카드에서는 이 숫자 카드 공식에

궁정 카드의 의미 × 각 카드의 속성 × 궁정 카드의 기본 속성

궁정 카드의 기본 속성이라는 2단계 요소가 추가됩니다. 그렇다면 이번에도
완드를 예로 들어 살펴볼까요? 완드의 궁정 카드는 이렇게 해석할 수 있습니다.

궁정 카드의 의미 × 각 카드의 속성 × 궁정 카드의 기본 속성
[완드의 '불 속성'을 예시로]

완드의 PAGE [시종]

[PAGE가 가지는 의미]

미숙함 / 가능성 / 어린아이❌

[완드의 '불 속성']

열정적 / 장난기 많은 어린아이❌

[PAGE가 지닌 기본 속성·땅 속성]

성실함 / 꾸준함🟰

미숙하지만 열정이 있는 성실한 어린아이

완드의 KNIGHT [기사]

[KNIGHT가 가지는 의미]

활동 / 희망 / 성장❌

[완드의 '불 속성']

의욕 넘침 / 혈기 왕성함❌

[KNIGHT가 지닌 기본 속성·바람 속성]

전략적 / 명석한 두뇌 / 냉정함🟰

활발하고 의욕이 넘치며, 혈기 왕성하고 두뇌가 명석한 청년

완드의 QUEEN [여왕]

[QUEEN이 가지는 의미]

유능한 일꾼 / 성숙함 / 지지 성향❌

[완드의 '불 속성']

괴로울 정도로 뜨거운 정 / 열렬한 마음❌

[QUEEN이 지닌 기본 속성·물 속성]

감성적 / 상냥함🟰

성숙한 경험과 열정을 가슴에 품은, 상냥하고 포용력 있는 여성

완드의 KING [왕]

[KING이 가지는 의미]

완성 / 리더 / 풍부한 경험❌

[완드의 '불 속성']

강한 기세 / 용감함 / 행동력❌

[KING이 지닌 기본 속성·불 속성]

강한 기세 / 용감함 / 행동력🟰

경험이 풍부한 리더의 소질이 있으며, 강한 기세를 가지고 용기 있게 활약하는 남성

속성과 속성을 엮다 보니 충돌하는 요소도 있어서 숫자 카드보다 조금 어렵긴 하지만, 이 요소들을 기억해 두면 궁정 카드의 리딩이 훨씬 쉬워집니다.

그런데 **궁정 카드에는 약간의 함정이 있습니다.**

인물의 상징이 뚜렷해서 사람에 관한 것을 점칠 때는 명확하게 결과를 이미지화할 수 있지만, 일이나 연애, 진행되고 있는 사건에 대해서 점을 치면 점괘 결과를 바로 이해하기 어려워질 가능성이 높다는 것입니다.

그래서 앞의 예시처럼 **카드의 의미 × 속성과 속성의 엮음을 기억해 두면, 인물상에 좌우되지 않고 답을 도출하기가 쉬워집니다.**

자세한 해설은 Chapter 2의 '마이너 아르카나의 도표를 철저하게 이해하자!'에 실었으니 기대해 주세요!

그렇다면 이번에는 바보와 궁정 카드로의 여행을 떠나 봅시다!

나와 함께 여행을 떠나자!

성실하고 진지하게
경험을 쌓아 가는 유소년기의
어린아이를 떠올려 보자!

PAGE를 이미지로 한 카드의 의미

PAGE

정방향

목표를 좇아감 /
열정적인 업무 /
신선한 연애 /
밝고 건강함

역방향

편견 때문에 실패 /
실속 없는 상대 /
나약하고 패기가 없는
모습 / 미숙

PAGE

정방향

신중하게 조사할
필요가 있음 / 지적이고
책임감이 있는 상대 /
든든한 아군을 얻음

역방향

무계획적이라서
실패하는 업무 / 마음이
약하고 무기력한 상대 /
권력에 약함

PAGE

정방향

근면함이 성공의 열쇠 /
전도유망한 상대 /
공부함 / 성실하고 꼼꼼한
사람이 호평받음

역방향

부주의한 실수가 잦음 /
평소 행실이 나쁜
상대와의 사랑 /
너무 얽매여서 실패

PAGE

정방향

윗사람에게 격려받음 /
모두에게 사랑받는 사람
/ 상황에 맞출 수 있음

역방향

실패에 계속 집착함 /
분위기를 읽지 못하는
사람 / 무심한 태도 /
깊이 반성함

미미코's point

PAGE는 유소년기부터 중학생 정도의 보고 배우는 시기를 나타내며, 미숙한 상태의 청소년이 모델로 그려져 있습니다. 또, PAGE의 기본 속성은 땅이기 때문에 성실하고 진지하게 일을 처리한다는 성질이 공통되며, 여기에 각 카드의 속성이 더해집니다. 완드는 불×땅이므로 늘 바빠 돌아다니는 열정적이고 호기심이 왕성한 아이를, 펜타클은 땅×땅이므로 성실한 우등생을, 소드는 바람×땅이므로 야무진 전략가 스타일의 멋진 소년을, 컵은 물×땅이므로 상냥하고 섬세한, 사람들의 마음을 잘 파악하는 똑 부러지는 소년을 상징합니다.

'사람들은 내가 지킨다!' 영웅의 이미지야!

KNIGHT를 이미지로 한 카드의 의미

KNIGHT

정방향

용기와 지성으로 승리 /
사랑이 찾아옴 /
목숨 걸고 지킴 /
뛰어난 행동력

역방향

단순한 사고방식 때문에
실패 / 흔들림 /
야심이 지나쳐서 질림 /
초심을 잊음

KNIGHT

정방향

목적의 달성을 위해서
최단 거리로 감 /
빠른 전개 /
전략적인 연애

역방향

전략이 틀어지다 /
주기가 빠른 연애 /
자만으로 인한 실패

KNIGHT

정방향

완벽한 자금 융통 /
확실한 한 걸음 / 믿을 수
있는 사람 / 인내심 있게
작전을 실행

역방향

잘못된 노력 /
자금이 막힘 / 생각이
너무 많아서 진전이
없는 연애 / 완고함

KNIGHT

정방향

사람의 마음을
능숙하게 사로잡음 /
상냥하고 지적인 상대 /
교섭하여 성공함

역방향

다정함이 방해가 됨 /
연애가 서투름 / 다른
사람에게 양보하고 맒 /
불성실한 업무

미미코's point

KNIGHT 카드에는 청년이 장래의 길을 찾고 희망찬 인생에 도전하는 모습이 그려져 있습니다. 기본 속성은 바람으로 냉정하고 전략적이며 머리가 좋은 것이 특징입니다. 어렸을 적 보았던 영웅물의 주인공을 떠올리면 이해가 빠를 것입니다. 예를 들어, 완드는 불×바람으로 뜨거운 마음과 냉정함을 가진 지도자 같은 존재, 펜타클은 땅×바람으로 숨은 조력자 같은 존재, 소드는 바람×바람으로 냉철하고 전략적인 성격, 컵은 물×바람으로 상냥함과 지성을 모두 갖춘 이미지입니다.

세심한 상냥함과
사랑의 에너지를 가졌어!

QUEEN을 이미지로 한 카드의 의미

QUEEN

정방향
내 사람은 반드시 지킴 / 배짱과 모성애 / 여성의 도움으로 성공 / 노력이 인정받음

역방향
히스테릭이 문제 / 질투심이 방해함 / 허영심 때문에 실패 / 자존심이 강함

QUEEN

정방향
인스피레이션이 또렷해짐 / 엄하면서도 따듯한 사람 / 의지를 관철하는 고결함

역방향
공포로 사람을 지배함 / 깊은 집념 / 공격적인 연애 / 편견이 있는 가치관

QUEEN

정방향
타고난 지지자 / 확실하게 결과를 냄 / 금전운 상승 / 다방면에 걸친 재능

역방향
낭비 때문에 돈을 마련할 필요가 있음 / 키우는 것이 불가능함 / 약속된 것이 깨어짐 / 무책임

QUEEN

정방향
다정하고 아름다운 사랑 / 깊은 자비심 / 예술가 기질 / 자원봉사자

역방향
심술궂은 태도 / 마음을 힘들게 하는 업무 방식 / 바람은 절대 용서하지 않음

미미코's point

QUEEN은 30대부터 40대의 총명한 여성이 모델입니다. 기본 속성은 물로 진실한 상냥함, 매력, 생명력이 특징입니다. 완드는 불×물로 신념과 행동력을 가진 배짱 좋은 어머니 같은 여왕을, 펜타클은 땅×물로 견실한 지원을 제공하는 안정의 여왕을, 소드는 바람×물로 엄격함과 따뜻함을 겸비한 성장을 돕는 여왕을, 컵은 물×물로 한없이 상냥하고 자비로운 여왕을 나타냅니다. 이 각각의 조합은 궁정 카드의 이해와 해석에 도움이 되는 키워드입니다.

압도적인 지위와
카리스마의 이미지가
열쇠야!

KING을 이미지로 한 카드의 의미

× **KING**

정방향

압도적인 카리스마 /
불타오르는 연애 /
의지가 되는 리더

역방향

허세를 부림 / 실력 부족 /
독선적이라 실패 /
너무 제멋대로인 상대

× **KING**

정방향

무서울 정도로 두뇌
회전이 좋은 상대 /
성공을 위해서는
비정해질 수 있다는 각오

역방향

거스르는 자는 인정
사정없이 배제 / 억지 /
애정을 모르는 상대

× **KING**

정방향

안정적인 운영 /
확실하게 늘어나는 자산 /
숨은 실력자 / 성공으로
이어지는 길

역방향

부정이 있는 사회 /
눈치 없는 상대 / 경영
수완이 없음 / 고집

× **KING**

정방향

절대로 배신하지
않는 사람 / 신용을
바탕으로 일을 함 /
안정된 가정을 이룸

역방향

의심이 의심을 낳으며
사회가 붕괴 / 거짓말쟁이
상대 / 불공평한 상황 /
사랑이 없는 가정

미미코's point

KING은 40대부터 노년까지의 남성성을 상징합니다. 지위, 권력, 리더십, 카리스마를 가진 왕이 모델입니다. 기본 속성은 불이며 행동력이나 강한 기세, 정면으로 맞서는 용기를 특징으로 합니다. 완드는 불×불로 굉장히 활동적이고 열정적인 왕을, 펜타클은 땅×불로 경제 정책과 실행력이 뛰어난 견실한 왕을, 소드는 바람×불로 외교와 전략에 밝고 때로는 엄격한 왕을, 컵은 물×불로 사람들의 행복을 추구하고 국민을 가장 우선으로 정무를 집행하는 왕을 이미지화합니다. 4개 속성의 왕 모두가 참 믿음직하네요.

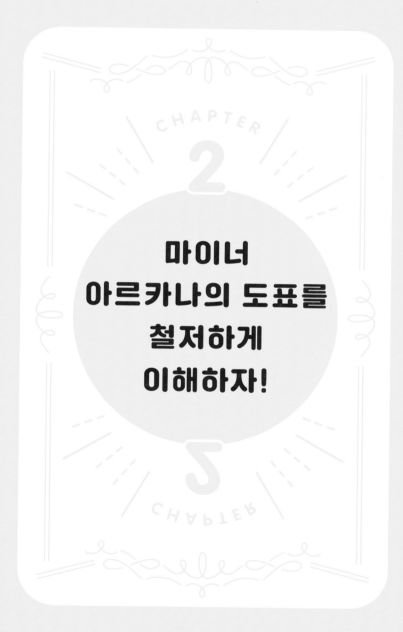

CHAPTER
2

마이너
아르카나의 도표를
철저하게
이해하자!

이미지를 엮어 낼 수 있다면 답이 보인다

Chapter 1에서는 바보와 함께 숫자 카드와 궁정 카드를 자세히 설명했습니다. 지금부터는 실제 타로 리딩에 도움이 되도록 각각의 이미지 조합을 한눈에 볼 수 있게 정리한 도표를 소개하려고 합니다.

56장이나 되는 마이너 아르카나를 모두 암기하기란 매우 어려운 일입니다. 하지만 도표로 정리하면서 가로축에는 각각의 속성을, 세로축에는 숫자의 의미나 궁정 카드의 속성을 표기했습니다. 따라서 **가로와 세로가 만나는 부분을 엮어서 이미지를 떠올릴 수 있다면 카드에 담긴 의미를 전부 외우지 않아도 카드가 내놓은 대답에 닿을 수 있을 것입니다.**

이 방법을 활용하면 몇 개의 키워드에 불과했던 카드를 둘러싼 언어의 세계가 무한히 확장된다는 것을 알 수 있습니다.

그렇다면 실제로는 어떻게 해석하면 될까요?
이 장에서는 여러분의 해석을 돕기 위해 도표를 실제로 파악하는 방법을 설명했습니다.

앞서 Chapter 1에서 자세히 설명했지만, 도표를 이해할 때 가장 중요한 기초가 되는 4원소에 대해 다시 한번 알아봅시다.

4개 속성

4개 속성은 다음의 4원소를 말합니다. 일단은 이미지로 떠올리며 파악해 볼까요?

· **완드/Wands(지팡이·불):** 불의 속성은 행동·에너지·자신감·남성성·시작의 충동·의욕을 나타냅니다.
· **펜타클/Pentacles(동전·땅):** 땅의 속성은 견실함·안정·양육·자연·일·육체·물질적인 축복·소유물·금전을 나타냅니다.
· **소드/Swords(검·바람):** 바람의 속성은 지성·전략·변화·갈등·공정과 부정·냉정함·지적 활동을 나타냅니다.
· **컵/Cups(잔·물):** 물의 속성은 애정·가족·감정·직감·여성성·상상력·인간관계·행복·슬픔을 나타냅니다.

도표를 활용하는 방법

숫자 카드 도표를 활용하는 방법

숫자 카드 도표를 활용하기에 앞서 완드의 예를 살펴보면 숫자의 흐름을 쉽게 기억할 수 있습니다. 왜냐하면 **완드에는 한 남자의 성공 스토리가 담겨 있는데, 그 이야기가 각 숫자가 가진 의미와 일치하다 보니 자연스럽게 머릿속에 들어오기 때문입니다.** 이렇게 숫자 카드가 가진 의미의 흐름을 익힌 다음에 가로축의 속성과 엮어서 활용하는 방법을 가장 추천합니다.

 WANDS 1 → 한 남자가 아무것도 없는 곳에서 모험에 도전해 보면 어떨까 생각합니다. (시작)

 WANDS 2 → 성 안에서 유복하게 태어난 남자는 지금까지 아무 부족함 없이 잘살고 있었습니다. 남자는 이대로 안전한 성에 머무를지, 아니면 모험에 나설지 선택해야 합니다. (선택)

 WANDS 3 → 고민한 결과, 남자는 바깥세상으로 여행을 떠나기로 합니다. 이 여정이 남자를 한층 더 발전하는 길로 이끌 것입니다. (발전과 안정)

 WANDS 4 → 남자는 바깥세상에서 활약한 뒤, 안정적인 가정을 얻습니다. 이 행복을 지키고 싶지만…. (수호)

 WANDS 5 → 남자는 현재 상태에 만족해서는 미래가 없다는 것을 깨닫고, 영토를 확장하기 위해 분쟁의 세계로 몸을 던집니다. (분쟁과 파괴)

WANDS 6 → 그 결과, 남자는 주변을 평정해서 왕이 되어 승리의 개선 행진을 합니다. (극복과 승리)

 WANDS 7 → 왕이 되면 그 지위를 지켜야 합니다. 남자는 자신의 뒤를 따라 올라오려는 사람을 물리칩니다. (계속)

 WANDS 8 → 공방이 계속 이어지고, 시간이 흐릅니다. 이 시간의 경과는 빠르게 느껴지기도 하고 한없이 길게 느껴지기도 합니다. (경과)

 WANDS 9 → 왕의 지위를 지켜 낸 남자는 만신창이 상태입니다. 하지만 그 지위는 유지됩니다. (준비, 완성 직전)

 WANDS 10 → 왕좌를 계속 유지하는 것은 모든 무거운 짐을 이고 가는 것을 의미합니다. 그래도 길은 계속 이어집니다. 이를 선택한 것은 바로 남자 자신입니다. (완성, 과잉)

궁정 카드 도표를 활용하는 방법

궁정 카드 도표를 활용하려면 먼저 세로축을 이해하는 것이 가장 중요합니다. PAGE(시종)를 예시로 함께 살펴볼까요?

62쪽 도표의 세로축 위에는 PAGE의 기본 속성인 땅이 그려져 있고, 세로축 아래에는 PAGE의 특성인 미숙한 어린아이나 시작, 가능성과 같은 키워드가 적혀 있습니다.

궁정 카드 도표는 PAGE의 속성 두 가지를 엮어서 사건이나 인물로 이미지화해야 합니다. 여기에 가로축에 해당하는 각 카드가 가진 속성의 의미를 추가함으로써 점괘의 답을 도출하면 됩니다. 이러한 방식으로 궁정 카드 도표를 활용하면 어떤 점에든 적용할 수 있는 응용력이 키워집니다!

속성과 숫자의 의미를 엮어서 해석하는 것이 중요하다!

	1	2	3	4

완드 (지팡이·불)

행동 / 에너지 / 자신감 /
남성성 / 시작의 충동 /
의욕

펜타클 (동전·땅)

견실함 / 안정 / 육성 /
자연 / 일 / 육체 /
소유물 / 돈

소드 (검·바람)

지성 / 전략 / 변화 / 갈등 /
공정과 부정 / 냉정함 /
지적 활동

컵 (잔·물)

애정 / 가족 / 감정 / 직감 /
여성성 / 상상력 / 인간관계
/ 행복 / 슬픔

시작 / 잠재력

1은 모든 에너지가
생겨나는 순간

선택 / 분열

두 개의 사물이 존재
할 때, 선택과 분열이
생겨난다

개화 / 안정

3은 삼각형. 면을 이
루어 안정된 상태가
생겨난다

정착 / 수호

안정된 상태를 지키
려는 태도와 안정이
계속되는 상태를 의
미한다

5	6	7	8	9	10
파괴 / 곤란	극복 / 조화	계속 / 쇠퇴	경과 / 행동	준비 / 완성 직전	완성 / 과잉
4에서 지켜지던 것도 언젠가는 파괴되어 어려움을 맞는다	5에서의 파괴를 극복하고, 다시 한번 조화를 이룬 상태로	조화를 유지하는 상태에서 쇠퇴 혹은 번영의 길로 갈린다	착실하게 상황이 진행되는 카드와 정체하는 카드로 나뉜다	완성되기 일보 직전. 어떤 결과가 기다리고 있을까?	모든 것의 종착점. 모든 것은 흘러가는 대로

속성 × 궁정 카드의 의미 × 속성을 이해하자!

 페이지　 나이트　 퀸　 킹

완드 [지팡이·불]

KING

행동 / 에너지 /
자신감 / 남성성 /
시작의 충동 /
의욕

펜타클 [동전·땅]

PAGE

견실함 / 안정 /
육성 / 자연 /
일 / 육체 /
물질적인 축복 /
소유물 / 돈

소드 [검·바람]

KNIGHT

지성 / 전략 /
변화 / 갈등 /
공정과 부정 /
냉정함 /
지적 활동

컵 [잔·물]

QUEEN

애정 / 가족 /
감정 / 직감 /
여성성 / 상상력 /
인간관계 /
행복 / 슬픔

견습 / 미숙	젊음 / 용감함	여성성 / 수호	남성성 / 책임
어린이~소년	청년~성인	성인~중년	중년~노년
시작, 가능성,	도전, 활동, 열정	안정, 지지,	완성, 지도자,
유아성		여성으로서의 최고위	풍부한 경험

62

도표를 활용한 실제 해석 강좌
-연애 편-

도표를 이해했다면 이번에는 실제로 도표를 활용해서 카드를 해석해 봅시다.
연애편부터 시작해 볼까요?

숫자 카드 편 1

 사귄 지 3년 된 커플입니다. 이제 슬슬 결혼을 생각하고 있는데요. 상대의 마음은 어떤지 궁금해요.

 정방향의 숫자 '1' 카드가 나왔네요. 1은 사물의 시작을 의미하는 숫자이므로 정방향이 나온 시점에서 상대방도 결혼을 생각하고 있는 듯합니다. 그럼, 각각의 속성을 엮어서 해석해 보겠습니다.

   상대방도 꽤 진지한 마음으로, 빨리 결혼해 함께 지내고 싶어 합니다.

  경제적인 면을 포함해 착실하게 결혼할 기회를 엿보고 있습니다. 함께하는 삶을 시작하고 싶다는 마음은 같습니다.

  일이나 가족과의 만남 등 어떤 순서로 결혼에 이를지 전략적으로 궁리하고 있습니다.

  그저 한결같이 당신을 소중하게 생각합니다. 결혼으로 향하는 길도 열릴 것입니다.

Q 최근에 만나기 시작한 사람이 있는데요. 사귈 수 있을까요?

A 역방향의 숫자 '2' 카드가 나왔네요. 2는 선택을 의미하는 숫자인데, 역방향이 나온 걸 보니 썩 좋지 않네요. 그럼, 각각의 속성을 엮어서 해석해 보겠습니다.

  × **2** 지금 시점에서는 아쉽지만, 상대는 당신에게 흥미가 없습니다. 아무래도 다른 사람에게 마음이 가 있는 것 같습니다.

  × **2** 결정하지 못하고 망설이는 상태입니다. 지금 당신과 다른 사람을 비교하면서 재고 있을지도 모르겠네요.

  × **2** 지금 상대방은 거의 끝나 가는 연애 중일 것 같네요. 어떻게 될지 기다리며 상황을 보는 편이 좋을지도요.

  × **2** 말하기 조심스럽지만, 이 사랑은 일방통행으로 보입니다. 지금 시점에서는 맺어지기 어려워 보입니다.

궁정 카드·PAGE 편

Q 현재 솔로입니다. 다음에 사귈 사람은 어떤 사람인가요?

A 정방향의 PAGE가 나왔네요. PAGE는 꽤 젊은 남성으로, 미숙한 구석은 있지만 기본적으로 성실합니다. 여기에 각각의 속성이 더해집니다.

      당신보다 상당히 어린 남자이지만, 굉장히 저돌적이고 행동력 있는 성격이라고 나옵니다. 남자 쪽에서 먼저 고백할 가능성도 있습니다.

    연하로 느껴지지 않을 정도로 꼼꼼하며 진지하고 성실한 성격이라고 나오네요. 그런데 이루어지기까진 시간이 좀 오래 걸릴 수도 있습니다.

    연하의 남성이지만 능력도 좋고 머리도 좋아서 나이 차이를 느끼지 못할 수도 있습니다. 기본적으로 진지한 성격입니다.

    일단 연하지만 상냥하고 배려심이 넘칩니다. 나도 모르게 귀엽다고 생각할지도요.

도표를 활용한 실제 해석 강좌
-업무 편-

───── **숫자 카드 편 3** ─────

 이번에 이직했어요. 새로운 환경에서 일할 때는 무얼 목표로 하면 좋을까요?

 정방향의 숫자 '3' 카드가 나왔네요. 3은 한층 더 도전하고 발전한다는 의미를 지닌 숫자입니다. 정방향이 나온 시점에서 소드 이외에는 순조로운 진전의 징조입니다.

───────────────────────

  × **3**   아주 시기적절하게 새로운 환경에 뛰어들었네요. 자신의 위치를 고려하여 새로운 목표를 빨리 설정하고 도전하는 것이 좋습니다.

  × **3**   새로운 환경에서는 전문성의 강화, 안정적인 팀 운용 능력이 요구될 수도 있습니다. 노력이 열매를 맺겠네요.

  × **3**   오래된 체제에 칼을 대는 역할입니다. 새로운 환경에서 상처받으면서도 쇄신해 갈 것으로 보입니다.

  × **3**   새로운 직장의 사람들도 좋고 배정된 팀의 분위기도 화기애애합니다. 축복받은 환경이네요.

───────────────────────

숫자 카드 편 4

Q 이번에 함께 사업할 파트너와 잘 지낼 수 있을까요?

A 역방향의 숫자 '4' 카드가 나왔네요. 4는 견고한 수호나 안녕을 의미하는 숫자로, 역방향일 때 긍정적인 의미를 갖는 소드나 컵이 아닌 카드가 나온다면 귀찮은 경우가 생길 것 같습니다.

   사업 파트너가 협조적이지 못하고 독재자 같은 성향이 있을 가능성이 큽니다. 잘 처신하지 않으면 파트너와 결별하는 위기가 찾아올지도 모릅니다.

   완고하고 융통성 없는 인물로 보이네요. 사업을 취소할 수 있다면 다시 한번 검토해 보시길 바랍니다. 그럴 수 없다면 받아들이려는 마음이 필요합니다.

   새로운 일에 도전하고 싶어 하는 사람이네요. 머리가 좋은 사람이므로 함께 아이디어를 많이 내 보세요.

  새로운 사업을 진심으로 원하는 상냥한 사람입니다. 파트너로서 서로 부족한 부분을 채워 간다면 좋을 것입니다.

궁정 카드·KNIGHT 편

Q 독립해서 사업을 시작하려고 합니다. 어떻게 될까요?

A 정방향의 KNIGHT 카드가 나왔네요. 젊은 활력이 넘치는 카드로, 인생의 도전 시기에는 최적인 카드입니다. 여기에 각각의 속성을 더해 봅시다.

  ×
독립하기에 최적의 시기입니다. 마음먹고 옮긴 행동이 결실을 보는 때이므로 앞으로의 발전이 기대됩니다.

  ×
자금, 매매 등의 흐름이 좋습니다. 사업 전개가 확실할 거라 기대됩니다.

  ×
사업 전략과 콘셉트가 맞아떨어져 사업의 시작이 순조롭습니다. 앞날을 예측해 보면서 사업을 전개해 봅시다.

  ×
많은 사람의 의견을 듣고 협력하는 시스템으로 사업이 진행될 것으로 보입니다. 자금을 지원해 주는 이를 얻을 수 있을 것 같습니다.

도표를 활용한 실제 해석 강좌
-일상 편-

─── 숫자 카드 편 5 ───

 친구와 해외여행을 갈 예정입니다. 특별히 조심해야 할 부분이 있을
까요?

 정방향의 숫자 '5' 카드가 나왔네요. 5는 어떤 속성에서든 파란을 나
타내는 숫자이므로 정방향이라도 주의가 필요합니다.

   다툼을 나타내는 카드입니다. 여행지에서는 말다툼
이 생기기 쉬우니 주의합시다. 마음을 평온하게 유
지하지 못한다면 즐거운 여행이 되기 어렵습니다.

   특히 돈 문제에 주의가 필요합니다. 여행지에서의
소매치기 등에 대한 대책을 미리 세우고, 철저히 관
리하시길 바랍니다.

   자기중심적으로 말하지 않도록 조심하세요. 서로의
의견을 존중하고 상대방을 배려하면서 여행합시다.

  × 5 실망하는 일이 생길 듯합니다. 만약 그런 일이 일어
나더라도 부정적인 기분을 곧바로 털어 내고 여행을
즐길 수 있도록 노력합시다.

숫자 카드 편 6

 새로운 취미를 시작했습니다. 실력을 향상시키려면 어떤 게 필요할까요?

 역방향의 숫자 '6' 카드가 나왔네요. 6은 한 단계 위로 더 발전하거나 극복하는 것을 나타내는 숫자입니다. 역방향인 것을 봤을 때, 능숙하게 되기까지 시련이 있다는 것을 암시합니다.

   자신을 과신하지 마세요. 이쯤이면 됐다고 생각하더라도 더 높은 수준에 도달하기 위해서는 몇 번이고 반복 연습하는 것이 좋습니다.

   주변과 자주 비교하면서 자신이 생각보다 잘하지 못한다고 느끼게 될 것입니다. 각자 자신만의 속도가 있는 법이니 조급해 하지 말고 시도하시길 바랍니다.

   시작해 보니 꿈꾸던 이상과는 다른 점이 많네요. 그럴 때는 과감하게 방향을 전환하는 것도 좋습니다.

  지금까지 잘한다고 생각하는 기준점이 높았던 것 같네요. 일단은 바로 할 수 있는 것부터 시작해 봅시다.

궁정 카드·QUEEN 편

 다이어트를 시작했어요. 성공하려면 어떻게 하면 좋을까요?

 정방향의 QUEEN 카드가 나왔네요. QUEEN은 여성성을 상징합니다. 정방향이 나온 시점에서 결과를 기대할 만하네요.

  × 노력을 보상받을 거예요. 춤이나 스포츠처럼 몸을 활동적으로 움직이는 다이어트 방법이 효과가 좋습니다.

  × 걷기나 수영처럼 매일 성실하게 해야 하는 다이어트 방법이 효과적입니다.

  × 식사 칼로리 계산이나 다이어트 기록 같은 체계적인 방법을 활용하면 좋습니다.

  × 친구와 서로 격려하며 하는 다이어트가 성공의 열쇠입니다. 혼자 하는 것보다 좋아요.

도표를 활용한 실제 해석 강좌
-인간관계 편-

--- **숫자 카드 편 7** ---

친구와 싸웠어요. 화해할 수 있을까요?

정방향의 숫자 '7' 카드가 나왔네요. 7은 카드의 속성에 따라 정방향일 때 의미가 극단적으로 갈리는 숫자입니다. 이 점에 주의하면서 해석해 볼까요?

  × **7**
당분간 이 상태가 계속되겠지만, 친구가 먼저 사과할 가능성이 있습니다. 그때 기분 좋게 사과를 받아주세요.

  × **7**
양쪽 다 상황을 보고 있다는 의미의 카드입니다. 화해하고 싶다면 먼저 손을 내미는 편이 빠를 것입니다.

  × **7**
아쉽게도 친구의 마음은 이미 떠나 버렸네요. 마음을 바꾸는 편이 나을 듯합니다.

  × **7**
서로의 나쁜 면만 보는 상태입니다. 즐거웠던 시절을 떠올릴 수 없다면 화해는 어려울 것 같습니다.

숫자 카드 편 8

 가족과의 관계가 미묘합니다. 이대로 괜찮을까요?

 역방향의 숫자 '8' 카드가 나왔네요. 8은 시간의 흐름을 의미합니다. 역방향이 나왔으므로 가족 간의 미묘한 관계가 어떻게 변화할지 카드의 속성과 엮어서 해석해 봅시다.

   가족과의 거리가 좀처럼 좁혀질 기미가 보이지 않네요. 천천히 시간을 들여가며 개선하는 편이 좋겠습니다.

   이쪽에서 노력해도 쉽사리 보답받지 못한다는 의미의 카드입니다. 지금 이대로가 최선일지도 모릅니다.

   가족과의 관계에서 해방됨을 뜻하는 카드입니다. 단호하게 끊어내어 더는 얽히지 않는 편이 서로에게 좋을 수도 있습니다.

  지금까지의 미묘한 관계에 개선의 조짐이 보입니다. 초조해 할 필요는 없으니, 가족과 천천히 대화해 보세요.

숫자 카드 편 9

 지금 사귀고 있는 사람과의 미래가 어떻게 될지 궁금해요.

 정방향의 숫자 '9' 카드가 나왔네요. 9는 곧 다가올 엔딩의 직전 단계를 의미합니다. 완드와 소드는 괴로운 결과로, 펜타클과 컵은 행복의 길로 이어지고 있습니다. 이처럼 카드의 속성에 따라 결과가 크게 달라집니다.

※답을 가리고 해석에 도전해 봅시다!

    딱히 커다란 진전이 없네요. 아마도 장기전이 될 모양입니다. 그저 기다림이 필요한 시기입니다.

    서로 독립된 관계이면서 필요할 때 곁에 있어 주는 최고의 관계가 될 것 같습니다.

   유감스럽지만 상대의 마음을 좀처럼 알기 어려워서, 엇갈릴 일이 있을 것이라는 암시가 나왔습니다.

  주위에서도 응원하는 좋은 관계를 쌓아 갑니다. 사랑받고 있다는 만족감도 있습니다.

스스로 점 보기~업무 편

── 숫자 카드 편 10 ──

 지금 하는 일을 계속한다는 게 불안해요. 이대로 계속해도 될까요?

 숫자 카드 '10'은 숫자의 종착점입니다. 원래 정방향은 대체로 좋은 의미지만, 정방향임에도 안 좋은 결과를 나타내는 카드도 있습니다. 이럴 때는 역방향일 때 오히려 약간 좋은 의미가 되기도 하죠. 이런 점이 타로카드를 더욱 재밌게 합니다.

※답을 가리고 해석에 도전해 봅시다!

   카드가 커다란 짐을 내려놓으라고 말해 주네요. 지금의 직업을 버리고 새로운 일에 뛰어들어 해방됩시다.

   지금의 일은 이미 한계에 다다랐습니다. 이대로 가면 자신이 원하던 바와 다른 상황에 놓이게 됩니다.

   더 이상 나빠질 일은 없을 것 같습니다. 이제는 천천히 오르는 일만 남았습니다. 조금만 더 오르면 한 줄기 빛이 보일지도요.

  × **10** 마음이 무너지는 사건들이 계속됩니다. 정신적으로 괴로워질 것 같으니 다른 직업으로 눈을 돌려 보는 것은 어떨까요?

궁정 카드·KING 편

 직장 동료들과 잘 지내려면 어떻게 하면 될까요?

 정방향의 KING 카드가 나왔네요. KING은 지위, 카리스마, 남성성의 상징입니다. 정방향이 나온 시점에서 직장 동료와의 관계는 크게 기대할 만하겠습니다. 여기에 각각의 카드 속성을 얹어서 살펴볼까요?

※답을 가리고 해석에 도전해 봅시다!

  × 리더십을 발휘해서 모두를 이끌면 잘 따라올 것입니다.

  × 정직하고 견실한 리더가 요구됩니다. 스스로 모범이 된다면 모두가 따를 것입니다.

  × 직원들의 능력을 분석해서 적재적소에 배치하려고 노력하면 신뢰도가 높아집니다.

  × 직원들의 목소리를 경청하고 격려의 말을 건네는 등 정신적으로 의지가 된다면 좋은 관계를 만들어 갈 수 있습니다.

스프레드 방식 [전개법]으로 점을 쳐 보자!

3

CHAPTER

조금 더 자세하게 해석하기 위한 방식

Chapter 2에서는 도표로 해석하는 훈련을 했는데요, 이 장에서는 카드를 전개하며 점을 보는 스프레드 방식을 설명하려고 합니다.

전편에서는 1장 뽑기 방법을 소개했었죠. 이번에는 선택해야 할 길을 점치는 '양자택일 스프레드'와 가장 대중적인 '켈트 십자 스프레드', 두 가지 스프레드 방식(전개법)을 소개하겠습니다.

그 전에 먼저 기본 방법부터 복습해 볼까요?

1. 섞기

카드를 섞다가 괜찮다고 생각하는 시점에 섞기를 멈춘다. 섞는 방법은 자유롭게!

2. 하나의 묶음으로 정리한 다음, 원하는 분량만큼 세 개의 묶음으로 나누기

※ 다른 사람의 점을 봐 줄 때는 점을 보는 대상이 하나의 묶음을 세 개로 나누도록 한다.

3. 나눈 세 개의 묶음을 원하는 순서대로 합치기

※ 다른 사람의 점을 봐 줄 때는 점을 보는 대상이 카드 묶음을 한데 합치도록 한다.

이것으로 준비는 끝났습니다. 이제 스프레드 방식으로 넘어갈까요?

선택해야 할 길을 점치는 양자택일 스프레드

양자택일 스프레드는 두 가지 선택지가 앞으로 각각 어떻게 될지 점쳐 볼 수 있는 방식입니다. 잘 섞은 카드를 하나의 묶음으로 두고 가장 위에 놓인 6장을 버리고 7번째 카드를 아래 '1'의 위치에 놓습니다(카드는 모두 뒤집은 상태로 배열합니다).

준비한 카드 묶음의 가장 위에 놓인 6장을 버리고
7번째 카드를 '1'의 자리에 놓습니다.
다시 그다음 카드를 포함해 6장을 버리고
마찬가지로 7번째 카드를 '2'의 자리에, 그다음 카드를 '3'의 자리에 놓습니다.
반복해서 그다음 카드를 포함해 6장을 버리고
7번째 카드를 '4'의 자리에, 그다음 카드를 '5'의 자리에 놓습니다.
그러면 스프레드(전개)는 끝이 납니다.

카드는 모두
뒷면이 위로 오게
배열하세요!

빨간색을 골랐을
때의 결과 —— **4**

5 —— 초록색을 골랐을
때의 결과

빨간색을 골랐을
때의 전개 —— **2**

3 —— 초록색을 골랐을
때의 전개

1 —— 현재 상황

엎어져 있는 카드를 뒤집기 전에 선택지의 한쪽을 빨간색,
또 다른 한쪽을 초록색으로 설정한 다음, 카드를 열어 리딩을 시작합니다.

Q A와 사귀고 있는데, 최근 B에게도 마음이 가기 시작했습니다. 어떻게 하면 좋을까요?

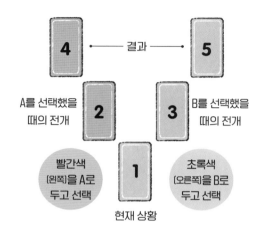

현재 상황 ▶ 바보 [정방향]

당신은 자유로운 모습의 B라는 존재가 등장하자 지금까지와는 다른 부분이 자극되는 것을 느낍니다. 당신은 그 신선함에 끌리는 것 같습니다.

A를 선택했을 때의 전개 ▶ 절제 [정방향]

A는 현재 사귀고 있는 만큼 앞으로도 안정된 조화로운 관계가 계속될 것으로 보입니다.

B를 선택했을 때의 전개 ▶ 매달린 남자 [역방향]

B를 선택할 경우, 고생이 계속됩니다. 게다가 그 고생은 보상받지 못할 수도 있습니다.

A를 선택했을 때의 결과 ▶ 세계 [정방향]

A와는 충실한 나날이 계속되며 그 끝에는 결혼할 가능성도 보입니다.

B를 선택했을 때의 결과 ▶ 연인 [역방향]

유감스럽게도 이루어지지 못하고 끝나거나 사귄다 해도 바람피울 가능성도 있습니다. 어느 쪽이든 행복도는 낮을 것 같네요.

가장 대중적인 켈트 십자 스프레드

하나의 사건을 심도 있게 해석할 수 있는
만능 전개법입니다.
우선, 준비한 카드 묶음의 가장 위에 놓인 6장을 버린 다음
7번째 카드를 '1'의 자리에 놓고,
그다음 카드를 순서대로 '2~6'의 자리에 놓습니다.
다시 반복해서 그다음 카드부터 6장을 버리고
7번째 카드를 '7'의 자리에
그다음 카드를 '8~10'의 자리에 놓으면
스프레드(전개)는 끝이 납니다.

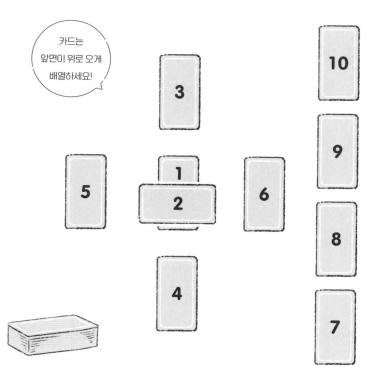

카드는
앞면이 위로 오게
배열하세요!

점보기 예시

Q 지금 맡고 있는 프로젝트가 있는데, 이대로 순조롭게 진행될까요?

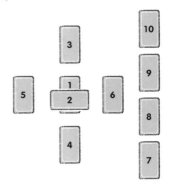

1 지금 어떤 상황에 놓여 있는가?
▶ 펜타클 2[역방향]

현재 이 일은 두 방향으로 분산되어 있으며, 정리되지 않은 채 공중 분해되기 직전에 놓여 있습니다.

2 이 문제를 해결하기 위한 실마리, 열쇠
▶ 정의[정방향, 역방향 양쪽 모두의 의미를 가집니다]

이 일을 성공시키기 위해서는 전체를 압도하는 의견을 가진 리더가 필요하다고 나오네요.

3 3 목표, 방향성, 드러난 의식
▶ 컵 5[정방향]

열심히 해도 보상받지 못한다는 허탈함이나 목표가 보이지 않는 데서 오는 조급함이 보입니다.

4 스스로도 깨닫지 못한 바람, 잠재의식
▶ 펜타클 PAGE[역방향]

몇 번을 해도 무의미한 작업이나 끝나지 않는 실무에 질려 있습니다.

5 지금까지의 과정, 과거의 상황
▶ 소드 10[정방향]

과도한 압박감 때문에 탈진 상태입니다. 정신적인면에서도 한계에 이르렀음을 나타냅니다.

6 문제의 변화, 가까운 미래
▶ 완드 KING[정방향]

든든하게 상황을 이끌어 갈 프로젝트 리더가 나타남을 암시합니다.

7 가까운 미래에 놓일 상황
▶ 완드 KNIGHT[정방향]

리더의 출현으로 팀이 정상화됩니다. 자기 능력을 발휘할 수 있는 소통이 원활한 상황으로 변모합니다.

8 주위 상황이나 환경
▶ 소드 8[역방향]

주변도 복잡하게 얽힌 상황에서 벗어나 자유롭게 작업할 수 있게 됩니다.

9 문제를 해결할 수 있는 능력의 유무
▶ 컵 10[정방향]

믿을 수 있는 리더의 출현으로 지금까지 보이지 않던 프로젝트의 평화로운 해결이 가능해집니다.

10 최종 예상 결과
▶ 심판[정방향]

이 프로젝트는 멋지게 부활하여 성공을 거둘 것입니다.

CHAPTER

4

미미코 스타일의
실제 리딩 사례

연애의 방향만 바꿔도 곧바로 사랑이 찾아온다!

"선생님! 얘 완전 큰일이에요, 좀 도와주세요!"

원래 제 살롱에 다니던 한 고객이 곧 서른이 되는 친구를 데려왔습니다.

친구의 사연을 들어 보니, 근 10년 동안 한류 스타를 쫓아다니느라 현실 연애는 하지 않았다고 하더군요. 본인도 이런 삶이 좋다고 당당하게 말할 정도였고요. 이를 걱정한 제 고객이 친구를 반강제로 끌고 온 것이었습니다.

현실 연애나 결혼이 행복에 이르는 최고의 길인 것도 아니고, 연예인을 좋아하는 것이 나쁜 일도 아닙니다. 그래서 일단 그 부분부터 카드에 물어 보았더니 역방향의 '완드 7'이 나왔습니다. 이 카드는 현실을 최대한 보지 않으려는 카드입니다. 과연 그녀는 다가올 반년 동안의 휴일이 좋아하는 스타의 투어 일정으로 꽉 차 있었습니다.

이어서 '계속 이 상태로 지낸다면 어떻게 되나요?'라고 묻자 '소드 10'이 나왔습니다. 되돌릴 수 없는 자멸의 길로 빠진다는 암시였습니다.

'혹시 현실을 마주하기가 겁나서 자신의 진짜 마음을 외면하고 있는 상태는 아닐까?'라는 생각이 들어서 잠재의식에서는 무엇을 원하고 있는지 묻자 '컵 10'이 나왔습니다. 마음속 깊은 곳에서는 행복한 결혼 생활을 꿈꾸고 있었던 것입니다.

처음에는 반강제로 끌려온 듯한 분위기를 강하게 풍겼지만 위에 언급한 카드 외에도 그녀가 무의식적으로 현실과 마주치길 두려워하고 있는 상황이라는 것을 차례로 알려 주는 카드가 나오자 점점 표정이 진지해졌습니다.

지금까지 스타를 동경하던 마음과 시간이 헛된 것이었다고 할 수는 없습니다. 10년 동안 스타에게 쏟아부었던 마음은 틀림없이 순수한 연애의 감정이었습니다.

이를 반영해 카드가 내놓은 답은 정방향의 '힘'이었습니다. 마음을 계속 올곧게 이어 갈 수 있는 지구력과 그 힘의 방향을 현실 연애로 그대로 돌려 과감하게 도전한다면 분명 기적이 찾아올 것이라고 말하고 있었습니다.

이러한 카드의 응원을 받아서인지 **의욕 넘치는 그녀의 행보는 정말 대단했습니다!**

예약해 두었던 반년 치 투어와 출국 일정을 모두 취소하고, 대신 실제 남자와 만나는 기회를 자주 만들기로 한 것입니다.

열정의 방향을 바꾼 그녀는 반년도 지나지 않아 남자 친구가 생겼고, 반년 후에는 결혼 점을 보기 위해 살롱을 다시 찾았습니다. 원래대로라면 투어 삼매경에 빠져 있었을 시기였습니다.

오랫동안 점을 치며 느낀 점이 있습니다. 인생이란 구체적인 계기만 있으면 얼마든지 바꿀 수 있다는 사실입니다.
타로카드는 그 계기를 보여 주는 도구입니다! 그러니 여러분도 망설이지 말고 언제 어디서든 맘껏 활용해 보시기 바랍니다.

점의 결과보다 무심코 건넨 한마디가 사람을 구하기도 한다!

　순조롭게 경력을 쌓아 가고 있는 30대 초반의 여성이 상담자로 찾아왔습니다. 이 여성은 상사와 불륜에 빠져 있었는데, 자신들의 미래가 어떻게 될지 알고 싶어서 방문한 것이었습니다. 카드가 알려 준 두 사람의 미래는 녹록지 않았습니다.

　상사가 열정적으로 도와줘서인지, 상담자는 젊은 나이에 높은 지위까지 올라갔습니다. 커리어는 차근차근 성장하고 있었지만, "아내와는 한마디도 하지 않을 정도로 사이가 안 좋아. 헤어질 준비를 하고 있으니까 조금만 더 기다려 줘"라는 뻔뻔한 말에 넘어가 상사와의 관계를 질질 끌어오고 있다고 했습니다.
　두 사람의 관계에 대해 카드에게 물었더니, 일과 생활에서 일부가 되어 버린 불륜 상대에 대해서는 **의존과 집착을 가리키는 '펜타클 4'**가 나왔고, **상사의 진심이 어떤지에 대해서는 거짓말과 기만을 가리키는 '소드 7'**이 나왔습니다. 두 카드 모두 절망적인 결과였습니다.

　카드는 거짓말을 하지 않기 때문에 저는 아무리 가혹한 결과라 할지라도 상담자에게 그 사실을 솔직하게 전달했습니다. 하지만 이미 사랑에 푹 빠진 상담자는 둘의 관계를 포기할 마음이 없어 보였습니다. 남자 친구를 믿고 싶다고 하면서 그대로 집으로 돌아갔습니다.
　상담자에게 처참한 결과를 전달했기 때문에 다시는 점을 보러 오지 않을 거라 생각했습니다. 그런데 무슨 이유인지 상담자는 그 후로도 열심히 살롱을 찾았습니다.

　두 사람의 관계에는 변함이 없었기 때문에, 매번 보는 타로 점의 결과는 강한 펀치에 맞은 샌드백이라도 된 것처럼 상담자를 너덜너덜하게 만들었습니다. 그럼에도 상담자는 현실을 곱씹기라도 하려는 듯 주기적으로 살롱을 찾았습니다. 어느새 저와 상담자 사이에는 기묘한 신뢰감이 싹텄습니다. 그러던 어느 날, 예전부터 카드에서 위험 신호를 보냈던 사건이 터지고 말았습니다.

둘의 관계가 회사에 알려진 것입니다. 그런데 지위가 높은 상사는 아무런 책임도 지지 않았고 상담자만 해고 처리되었습니다.

"전부터 계속 경고를 했었는데, 관계를 그만두지 못한 건 당신 자신이에요"라고 말하면서도 너무나 부당하다고 분노하는 상담자의 마음을 저도 어찌할 수 없었습니다. 지금까지 속았다는 사실이나, 그 상사가 어떤 비겁한 말로 자신을 붙잡았는지 사내 메일로 전부 폭로하겠다며 화를 냈습니다.

이때 타로 점의 결과로 '소드 9'가 나왔습니다. 카드는 만약 그렇게 행동한다면 상대가 아니라 상담자 자신이 받을 상처가 더 클 거라고 말해 주고 있었습니다.

눈물이 얼룩진 얼굴로 "그래도 모두에게 이 사실을 다 알려서 그 사람에게 복수하고 싶어요"라고 말하는 상담자에게 저는 "그렇게 하면 당신이 괴물이 되고 말 거예요"라며 말렸습니다. 질투심과 복수심 앞에서 타로 점의 결과는 무력하게만 느껴졌습니다. 그날 이후 한동안 소식이 없었던 상담자가 어느 날 완전히 달라진 얼굴로 살롱을 다시 찾았습니다!

"미미코 선생님, 저 연하 남자 친구가 생겼어요!"
그녀는 깜짝 놀랄 만한 근황을 전하며, 지금 남자 친구와의 관계에 대해 점쳐 달라고 했습니다. 점을 보고 난 다음, 상담자가 들려준 이야기는 정말 기쁜 내용이었습니다.

"사실 그때 폭로 메일의 전송 버튼을 누르기 직전까지 갔어요. 그럼에도 겨

우 멈출 수 있었던 건 미미코 선생님이 말한 '괴물이 되고 말 거예요'라는 한마디가 떠올랐기 때문이에요. 이대로 메일을 보내고 나면 앞으로 저는 평생 증오에 빠져 살게 될 거라는 생각이 들었거든요."

그리고 다시 태어난 기분으로 임했던 프로젝트에서 멤버로 함께 참여했던 남자 친구와 만나 연인 사이로 발전했다고 하더군요.

"이전의 연애가 최악이었기 때문에 지금의 남자 친구가 얼마나 좋은 사람인지 잘 알겠더라고요. 지금 저는 정말 행복해요!"라고 말하는 그녀의 미소가 얼마나 빛나던지요.

인스피레이션으로 카드를 읽는 것이 몸에 배면 언뜻 보기에 점과는 별 상관없는 말이 떠오르기도 하고 그 말이 입 밖으로 나와 버리는 경우도 있습니다.

하지만 결과적으로 그 말이 중요한 열쇠가 되어 나중에 고객에게 일어날 무언가와 연관되는 일이 많았습니다.

이러한 사연을 나중에 듣고 있자면 '퍼즐 조각이 이렇게 맞아떨어지네'라는 생각에 점을 치는 저 또한 소름이 돋기도 하고 두근거리기도 합니다. 이게 바로 타로카드 리딩의 묘미 아니겠어요!

점성술과 깊이 연결된
타로가 알려 준 최적의 시기!

이번 사연의 주인공은 지방 출신의 20대 학생으로, 친구와의 트러블 때문에 찾아왔습니다.

중학생 시절부터 절친했던 두 사람은 혼자보다는 둘이 같이 사는 것이 마음이 놓일 것 같다는 부모님의 권유로 도쿄에서 함께 살게 되었습니다.

그러던 어느 날 친구에게 처음 남자 친구가 생겼고, 상담자는 진심으로 기뻐했죠. 그리고 그렇게 두 사람이 사는 집에 친구의 남자 친구가 자주 놀러 오기 시작했습니다.

하지만 친구의 남자 친구이다 보니 어느 정도의 거리를 지키기 위해 남자 친구가 놀러 올 때면 밖에서 공부하다 늦게 귀가하거나 다른 친구와 놀면서 시간을 보내는 등 항상 중심을 잘 잡기 위해 노력했다고 합니다.

이러한 상황이 계속 유지되면서, 세 사람은 사이좋게 평화롭고 즐거운 시간을 보냈습니다. 그런데 언제부턴가 연인인 두 사람의 관계가 어딘가 이상하다고 느껴지는 일들이 벌어졌다고 합니다.

친구가 집에 없을 때는 방문하지 않던 친구의 남자 친구가 상담자가 혼자 있을 때를 노리고 찾아오기 시작한 것입니다. 친구가 집에 오라고 했다는 거짓말을 하고는 집에 눌러앉으려는 듯한 태도를 보였습니다.

상담자는 친구의 남자 친구가 자신에게 관심을 갖기 시작한 것을 눈치챘습니다. 당연히 양심을 거스르는 일이 없었기 때문에, 자신의 결백을 증명하고자 친구에게 이 사실을 전했습니다. 하지만 친구는 처음 사권 남자 친구를 굳게 믿었고, 오랜 친구인 상담자가 아니라 남자 친구의 말을 들어 주었습니다. 그러는 사이에 오해가 오해를 낳았고, 결국 두 사람의 관계는 파국을 맞았습니다. 상담자가 나쁜 사람 취급을 받으며 집을 나가게 된 것입니다.

늘 소중하게 생각했던 우정이 이런 식으로 끝나 버리자, 상담자는 가슴에 대못이 박히는 슬픔을 느꼈습니다. 그렇게 친구와는 이대로 마음이 멀어질 거라 생각했는데 같이 살던 집을 나오고 2년이 지난 어느 날, 친구가 그 최악의 남자 친구와 헤어졌다는 소식을 전해 듣게 되었습니다.
원래부터 바람둥이 기질이 다분했던 남자 친구는 그 후로도 문제가 계속 생겼던 것 같았고, 친구도 심한 마음고생을 하다 마침내 헤어진 것 같았습니다.
이 소식을 듣고 나니 친구에게 너무나 마음이 쓰였고, 그러한 친구가 어떻게 지내는지 근황을 알고 싶어 점을 보러 온 것이었습니다.

따뜻한 마음씨의 상담자는 친구의 근황을 카드에 물었습니다. **결과는 정방향의 '달'이었습니다. 이 카드는 오랫동안 계속 후회하고 있다는 의미였습니다.** 이어, 친구가 상담자에게 어떤 감정을 느끼는지 묻자, **정방향의 '컵 6'이 나왔습니다. 어린 시절의 우정을 되돌리고 싶어 하는 카드였죠.**

상담자도 집을 나와야 했을 때는 자신을 믿어 주지 않는 친구에게 화가 났다고 합니다. 하지만 자신도 남자 친구와 사귀어 보니 별것 아닌 일에도 불안해지는 것을 알게 되었다고 합니다.
상담자는 2년이라는 세월이 자신의 마음을 냉정하게 만들었는지, 혹시 친구가 카드의 결과처럼 다시 한번 우정을 되찾고 싶다고 생각한다면 어떻게 다가가면 좋을지 카드에 묻고 싶다고 했습니다.

결과는 정방향의 '완드 1'이었습니다. 이 카드는 자신이 먼저 행동을 취해야 한다는 의미이자 연락을 해 보라고 권유하는 카드였습니다.
갑작스러운 연락이라 언제 연락하는 것이 가장 좋을지 묻자, 역방향의 '마법사'가 나왔습니다.

마법사는 시작을 의미하지만, 역방향이 나왔기 때문에 연락하지 말라는 것인가 생각할 수도 있습니다. 여기서 중요한 것은 카드에 시기에 대해 질문했다는 것이었습니다.

답을 알려 드리기 전에 잠깐 비밀 하나를 공개하도록 하겠습니다.

전편에 바보가 여행을 다니는 모습을 일러스트로 실었는데요, 그중에 어디에서도 설명하지 않은 기호가 숨겨져 있었습니다.

사실 타로와 점성술의 관계는 특별합니다. 12성좌와 10천체를 합치면 총 22가 되고, 이는 메이저 아르카나의 특성과도 연결됩니다.

예를 들어, 바보 일러스트에는 천왕성 마크가 그려져 있습니다. 천왕성은 개혁의 별로, '지금부터 뭐든 거침없이 바꿔보겠어!'라고 말하는 바보의 에너지와 연결됩니다.

그렇다면 마법사는 무엇과 연결될까요? 바로 수성입니다. 소통, 지성, 인연을 의미하는 수성은 마법사의 특성에 꼭 들어맞지요. 하지만 시기를 읽어야 하는 이번 리딩에서 힌트가 된 것은 **역방향의 마법사 = 수성의 역행**이었습니다.

수성의 역행이란 별의 운행이 1년에 3~4회 정도 평상시와 반대로 보이는 시기를 말합니다. 이 기간은 보통 때라면 순탄하게 진행됐을 일이 막히거나 느려지는 시기로 봅니다. 하지만 **반대로 지금까지 막혀 있던 일이 움직이는 시기이기도 하지요.**

그래서 역방향의 마법사 카드가 이 시기를 활용하라고 말하고 있다는 생각이 들었고, 조사해 보니 딱 이틀 뒤부터 역행이 시작되는 것 아니겠어요?

"내일 하루 동안 무슨 말을 할지 생각하고, 이틀 뒤인 모레에 연락해 보면 좋을 거예요!"라고 조언을 건넸습니다. 결과는 물론 화해하는 엔딩이었습니다. 친구도 과거 일을 계속 후회하고 있었지만, 자기 잘못이 명백했기 때문에 어떤 사과도 변명이 될 것 같아서 먼저 연락할 용기가 없었다고 눈물을 흘리며 말했다고 합니다.

이처럼 **카드의 의미와 직접 관련이 없어 보이는 정보도 카드 해석의 힌트가 될 가능성이 있습니다. 그러니 이전 책의 각 일러스트에 숨겨진 기호를 찾아서 인터넷이나 책을 통해 그 의미를 발견해 보시기 바랍니다!**

이 기호처럼 보이는 것은 무슨 의미를 담고 있을까?
이렇게 생각하며 조사하다 보면, 타로를 보다 깊이 이해할 수 있게 될 것입니다.

업무 편

능력 좋은 40대 사업가가 실천하는 타로로 하는 한 해의 마무리와 시작

한 사업가가 지인의 소개로 점을 보러 방문한 적이 있습니다. 지금은 한 해의 마지막 날이 되면 반드시 살롱을 방문하는 단골이 되었죠. 연말은 그해에 있었던 일을 복기하기에도 좋고 다음 해의 흐름도 물을 수 있어서 효율적이라고 하더군요.

이 사업가는 사업의 방향이 틀리지는 않았는지, 혹시 무슨 일이 생긴다면 그 원인은 무엇일지, 또 그 원인을 어떻게 바로잡으면 좋을지 등을 물었습니다. 타로카드도 그 질문에 상당히 명확한 답을 내줘서 참으로 신기했습니다.

이 사업가의 회사는 10명 정도의 소수정예로 운영되고 있었습니다. 그래서 직원 한 사람 한 사람에 대해 그해의 과제와 다음 해에 길러야 할 능력을 반드시 물어보았는데, 저로서도 흥미로운 내용이었습니다.

작년에 들어온 **신입사원은 정방향의 '소드 나이트'**가 나왔습니다. '의욕이 넘치는 모습도 엿보이고 발전 가능성도 충분한 유망주이니 내년에도 계속 과제를 맡겨서 능력을 키워 봅시다!'라고 카드가 말해 주더군요.

이렇게 좋은 카드가 나오기만 한다면 좋겠지만, 현재 상황을 두고 **정방향의 '컵 7'이 나온 직원도 있었습니다. 게다가 그 직원의 내년을 예측해 보니 정방향의 '타워'가 나왔습니다. 이럴 수가!**

그도 그럴 것이 '컵 7'은 건강을 해쳐 우울 증세를 보이는 사람에게 자주 나오는 카드이고, '타워'는 갑작스러운 사건이나 피할 수 없는 불행의 상황을 나타내기 때문입니다. 저는 이 분의 이야기를 꼭 자세히 듣고 동향을 지켜봐야 한다고 결과를 전했습니다.

　이렇게 말하자 아직까지 그 직원에게 큰 문제는 없었다고 하더군요. 그래서 내년을 예측한 것일 수도 있으니 충분히 주의 깊게 살펴야 한다고 말해 주었습니다.

　내용이나 표현이 다소 다를 때도 있었지만, 직원들의 타로 점은 대체로 잘 맞아떨어졌다고 합니다. 어쨌거나 이 사업가 단골의 방문은 매년 계속 이어졌습니다. 직원들에 대한 점을 다 보고 나면 그해의 사업 성과와 다음 해의 과제를 개별적으로 확인했고, 마지막에는 사업가로서의 대응 방법도 꼼꼼히 복습한 다음 그 내용을 다 듣고 돌아갔습니다. 그리고 다음 해 연말에 다시 찾아와 작년의 점괘 결과와 답을 맞춰 보는 식이었죠!

　시간이 흘러 다음 해 연말이 되었습니다. 마음이 쓰였던 '컵 7'의 점괘가 나온 직원에 대해 물었더니, 부모님의 건강이 좋지 않았다고 합니다. 외동이었던 직원은 본가로 돌아가 조금이라도 곁에 있어 드리고 싶다고 생각하면서도, 지금 하는 일이 좋다 보니 현재와 같은 환경에서 할 수 있는 만큼 계속 일하고 싶은 딜레마에 빠졌었다고요. 그래서 일에 집중하기가 어려웠다고 합니다.

　작년 가을쯤에는 부모님의 병세가 급격히 나빠지는 바람에 반강제적으로 본가에 돌아갈 수밖에 없었답니다. 그 직원으로서는 어쩔 도리가 없었던 것이, '타워' 카드의 점괘처럼 된 것이었지요.

　작년 연말의 점에서 직원의 어려움을 암시하는 결과가 나왔기에 사업가는 해가 바뀌자마자 그 직원과 면담을 가졌다고 합니다. 그리고 그 직원이 지금 일을 계속하고 싶다는 마음을 확실히 확인했고요. 그래서 부모님이 '만일의 상황'이 되었을 때를 대비해서, 원거리에서도 업무를 수행할 수 있도록 재택근무 환경을 미리 조성하는 식으로 위험을 분산시켜 두었다고 합니다.

덕분에 우수한 인재를 놓치지 않을 수 있었고, 서로에게 감사할 수 있는 상황이 만들어져 윈윈의 관계로 발전했다고 합니다.

이는 완전 재택근무 체제를 조성하는 계기가 되어서 업무 방식 혁신을 위한 첫걸음을 내디딘 셈이 되었다고도 하네요.

이 고객과 교류한지도 어느새 6년이나 되었습니다.

오래 알고 지내는 동안 친숙해진 직원도 생겼고, 인원이 교체되면서 회사가 끊임없이 발전하는 과정을 함께 지켜볼 수 있었습니다. 특히 매년 성장하는 신입사원의 모습을 지켜볼 수 있어서 개인적으로도 굉장히 감동적이었습니다. 이것도 점술가이기에 느낄 수 있는 보람이겠지요!

행복으로 향하는 길 안내는 계속된다!

전편에서 몇 쪽 분량으로 다루었던 마이너 아르카나 부분에 대해 더 자세히 알고 싶다고 뜨겁게 요청하신 분들이 계셨던 덕분에 이번에 이 책을 펴낼 수 있었습니다. 정말 감사할 따름입니다.

이번 책을 제작할 때도 기존 책의 레이아웃을 크게 바꾸지 않았습니다. 두 권의 책이 마치 처음부터 하나의 세트였던 것처럼 만들어져서 특별한 거부감 없이 이어서 읽을 수 있을 거라 생각합니다.

전편의 '맺음말'에서 타로 점이 어떻게 우리를 행복으로 이끌어 주는지 썼었지요. 이번 책에서 타로카드 78장에 대한 모든 해설을 마무리했으니, 타로 점을 통해 냉철하면서도 따뜻하게 얻을 수 있는 행복해지는 방법을 더 잘 이해할 수 있을 거라 확신합니다.

이렇게 말하는 저 또한 타로 덕분에 행복한 일들이 끊이지 않네요.
《암기할 필요 없는 타로》가 출간되고 나서 꼭 듣는 질문 한 가지가 있습니다.
"책의 일러스트로 만든 카드는 판매하지 않으시나요?"

실은, 이번 책이 나오면서 모든 카드의 그림이 완성되었기 때문에 실제로 카드를 제작하기로 결정했습니다!

《암기할 필요 없는 타로》는 수많은 기적이 쌓이면서 실현된 보물 같은 책이었는데, 이번 카드 제작도 그 기적의 산물 중 하나입니다.

이번《암기할 필요 없는 타로 2》도 발행과 거의 동시에 한국과 대만에서의 출판이 결정되었고, 특히 한국에서는 표지로 카드 상자를 디자인한 웨이트 카드를 묶어《암기할 필요 없는 타로 웨이트 카드 세트》로 판매하고 있습니다.

그 카드 상자 디자인이 얼마나 귀엽던지요! **그래서 이를 하나의 계기로 삼아《암기할 필요 없는 타로》의 오리지널 카드를 제작하게 되었습니다.**
《암기할 필요 없는 타로》시리즈와 함께 부디 잘 부탁드립니다. (구체적인 발매 정보는 출판사나 제 SNS를 확인해 주세요. 한국판 출시 여부는 아직 미정입니다.)

마지막으로 제게 일어난 기적 한 가지를 더 말씀드리고자 합니다.《암기할 필요 없는 타로》와 이 책은 제가 함께 작업하길 간절히 바랐던 디자이너와 일러스트레이터, DTP팀, 포토그래퍼가 기꺼이 일을 맡아 준 덕분에 드림팀을 이뤄 제작할 수 있었습니다.

책 디자인을 맡은 기라이 시오리 님, 일러스트를 담당한 omiso 님, DTP의 노나카 사토시 님, 야스다 히로야 님, 프로필 사진을 찍어 주신 시모무라 시노부 님 그리고 셀 수 없이 많은 도움을 주신 편집 담당 요시노 에리 님. 이 모든 분들께 진심으로 감사 드립니다.

여러분 덕분에 이 책이 생명을 얻었습니다.
정말 감사합니다.

'메이저 아르카나' 키워드 조견표

정방향

⓪	**The Fool** [바보]		마음 편한 도전 / 왕성한 호기심 / 모험심 / 무아지경 / 용기 있는 한 걸음 / 자유로운 마음 / 완전히 새로운 발상 / 기존에서 탈출 / 어리석은 척하는 엉뚱한 사람 / 자연스럽게 스며듦 / 처음부터 시작
①	**The Magician** [마법사]		재능 덩어리 / 기능이 향상됨 / 독창적이고 개성 있음 / 유연한 대응이 가능함 / 전도유망함 / 행동을 불러일으킴 / 연락이 닿음(연락해야 함) / 멀티태스킹 / 가장 앞에 서는 리더십 / 창의적이고 세련됨 / 새로운 출발!
②	**The High Priestess** [여사제]		진리 / 이성적인 판단과 행동 / 양식(良識) / 영감과 정신 / 금욕적 / 처녀성 / 영감 / 전화나 문자 / 지적(知的) / 합리적으로 진행됨 / 이치에 맞는 예측이 섬 / 인스피레이션 / 보수적 / 숨겨진 진실 / 성지 순례 / 왕언니
③	**The Empress** [여왕제]		행운 / 성공 / 결혼 / 여성으로서의 행복 / 가정적 / 부모 자식 / 임신 / 평온함 / 매료 / 취미 / 배우는 일 / 세련됨 / 재산 / 동정심 / 인기 / 의식주나 심신의 균형이 잡힘 / 마음이 풍요로움 / 상냥함과 감사 / 모성 / 결혼 적령기의 여성
④	**The Emperor** [왕제]		카리스마 넘침 / 능력이 뛰어남 / 실행력 / 자기 생각을 관철함 / 경쟁자를 이김 / 활동적 / 금전 운이 좋음 / 물질적인 만족 / 활동적 / 승리함 / 구체적인 비전이 세워짐 / 지식인과 만남 / 넘치는 열정 / 리더십 / 자신감이 충만함 / 사장
⑤	**The Hierophant** [교황]		신앙 / 교양 / 경험 / 지도력 / 조언자 / 축복받은 결혼 / 자비 / 친구가 많음 / 신중 / 정의심이 강함 / 주변에 사람이 많음 / 공식적 / 윗사람이나 배려로 앞날이 열림 / 전통을 지킴 / 성의가 있음
⑥	**The Lovers** [연인]		연애 / 사랑의 예감 / 선택 / 공동으로 하는 것 / 선택해야 할 때 / 직감적인 판단 / 외교 / 동정 / 조화 / 호기심 / 양면성 / 갈림길에 섬 / 선택도 할 수 있음 / 단기간 여행 / 우호·협력적인 관계 / SNS로 연락해 봄 / 의사소통
⑦	**The Chariot** [전차]		극복 / 열심히 해야 할 때 / 향상심 / 관대함 / 성공 / 발전 / 뒤쫓음 / 해외 진출 / 다른 세계를 향한 출발 / 행동 범위가 넓어짐 / 자립심 / 집을 나옴 / 자동차나 이동수단 전반 / 점점 앞으로 나아감 / 새로운 세계를 향한 도전 / 행동하면 길이 열림
⑧	**Strength** [힘]		이성이나 감성과 본능의 균형 / 신중함과 대담함의 균형 / 발전함 / 독립적으로 행동함 / 성실 / 결과를 얻을 수 있음 / 쾌활하고 건강한 상태 / 행동력 / 기적 / 용기 / 절호의 기회 / 상냥함의 힘 / 시기를 맞추는 능력 / 보이지 않는 힘 / 만남의 기적
⑨	**The Hermit** [은둔자]		이론적 / 이지적 / 기지 / 자신을 차분히 들여다봄 / 처지를 앎 / 사리 분별 / 기억 / 은밀히 진행하는 계획 / 유능함 / 숨겨졌던 일을 눈치챔 / 차분함 / 고독을 좋아함
⑩	**Wheel of Fortune** [운명의 수레바퀴]		상황이 호전됨 / 갑작스러운 행운 / 운이 트임 / 의외의 도움 / 굴러들어 온 호박 / 커다란 변화 / 이미지 변신 / 발명 / 운이 바뀌는 때 / 큰 고비 / 전환기 / 순환 / 앞으로 좋아짐 / 좋은 바람이 불기 시작함

메이저 아르카나의 '정방향'과 '역방향' 키워드를 한눈에.
점 볼 때 참고하세요.

11	**Justice** [정의]	공정한 태도 / 평화적 / 우호적 / 온화함 / 공명정대 / 부정을 파헤침 / 법률 / 권리관계 / 권리의 행사 / 인정받는 노력 / 공평한 태도로 임함 / 이성적으로 상황에 대응함 / 결말을 맺음 / 좋은 매물이나 부동산 / 정의를 관철함
12	**The Hanged Man** [매달린 남자]	희생 / 인내 / 시련을 견딤 / 현재의 고생은 보상받음 / 영혼이 성장하는 시기 / 자기희생 / 때를 기다림 / 수면 아래에서 좋은 방향으로 계속 바뀌고 있지만 표면적으로는 아직 변화를 알 수 없는 상태 / 사서 고생하면 성공함 / 볕 들 날은 반드시 옴
13	**Death** [죽음]	고독 / 독립 / 과감한 대혁명 / 시련 / 인내 / 감동이 없음 / 조용히 멎음 / 완전한 정지 상태 / 이러지도 저러지도 못함 / 리셋 / 죽음과 재생 / 영원 / 무한 루프 / 버리고 새로운 것을 손에 넣음 / 다음에 가는 편이 더 좋은 쪽으로 바뀜
14	**Temperance** [절제]	완벽한 균형 / 순응함 / 감수성 / 온화함 / 변통 / 중용 / 임기응변 / 향상 / 검약함 / 평온하게 조화를 이룸 / 새로운 발견이 있음 / 가정에 새로운 일이 있음 / 충분함 / 조정 / 중화 / 차분한 공간 / 한 단계 위의 편안함
15	**The Devil** [악마]	계산적 / 야심 / 권력 / 유혹에 약함 / 해이함 / 이기주의 / 속박 / 향상심의 결여 / 태만 / 타락 / 칠칠치 못함 / 기회를 놓침 / 출구가 보이지 않음 / 악순환 / 위험한 사상 / 폭력적 / 다른 사람을 속임 / 세뇌 / 지배력 / 찰나의 삶
16	**The Tower** [탑]	사고 / 다툼 / 문제 상황 / 개혁 / 쇄신 / 모든 것이 물거품이 됨 / 무리한 나머지 한계를 넘음 / 반강제적인 가치관 변화를 강요당함 / 사태의 붕괴 / 생각지도 못한 일이 벌어짐 / 위기 / 재난 / 전쟁 / 재해 / 폭락
17	**The Star** [별]	희망 / 이상 / 새로운 발견 / 가치의 발견 / 시야가 넓어짐 / 편해짐 / 희망이 보임 / 목표가 보이기 시작함 / 순조로움 / 아름다워짐 / 희망을 향해 달리기 시작함 / 시간은 걸리지만 성공함 / 반짝반짝 빛나는 나날 / 아름다운 순환 / 청초
18	**The Moon** [달]	불안 / 불만 / 불신감 / 불규칙 / 속임 / 거짓말 / 배신 / 결단력이 없음 / 촉이 발동하지 않음 / 막연한 불안 / 이쪽이 움직여도 결과가 나오지 않음 / 영, 신앙, 선조, 무덤 등과 관련된 일 / 가정 내 불화 / 시간을 들여 서서히 쇠퇴함
19	**The Sun** [태양]	즐거움 / 활력이 솟아남 / 만족할 수 있음 / 축복받음 / 정력적 / 용기 / 건전 / 진보적 / 공적(公的) / 일사천리로 행동함 / 상쾌함 / 결과가 나옴 / 도움을 받음 / 새롭게 시작함 / 순풍이 붊 / 성공 / 명성 / 유명해짐 / 스타가 됨
20	**Judgemen** [심판]	부활 / 재생 / 끊긴 인연이 다시 이어짐 / 기회가 찾아옴 / 보상받음 / 포기했던 일이 다시 한번 빛을 봄 / 노력이 결국 보상받음 / 정신적으로 성장함 / 각성할 때 / 최후의 심판 / 결정적인 순간 / 시류에 올라타야 함 / 신의 계시
21	**The World** [세계]	완성함 / 만족함 / 행운이 따름 / 도를 깨우침 / 완벽한 타이밍 / 최고조 / 하나의 완성을 봄 / 완벽 / 기록이나 목적을 달성할 수 있음 / 멀리 감 / 여행이나 이동을 하면 좋음 / 병이 나음 / 하나 위의 차원으로 감

역방향

⓪	**The Fool** [바보]		천박한 생각 / 충동적인 어리석은 행동 / 돈을 마구 씀 / 낭비벽 / 무모한 행동 / 바람만 잔뜩 든 바보 / 목적의식이 전혀 없음 / 칠칠치 못함 / 목표를 찾지 못함
①	**The Magician** [마법사]		어떤 아이디어도 없는 창조성이 결여된 생각 / 행동할 수 없음 / 기회를 놓침 / 재능이 없음 / 그릇된 생각 / 교활함 / 싫증을 잘 냄 / 마무리하지 못한 채 끝냄 / 연락이 되지 않음 / 머리가 맑아지지 않음
②	**The High Priestess** [여사제]		몰이해 / 불공평 / 감정적 / 사려 깊지 못함 / 분별이 없음 / 이론뿐인 지식 / 차가운 인상 / 배신 / 이기적 / 신경과민 / 변덕 / 허세를 부림 / 신경질 냄 / 눈치 없는 사람이나 발언 / 완고함
③	**The Empress** [여왕제]		과보호 / 지나치게 애지중지함 / 흘러가는 애정 / 허영심 / 문제가 복잡해짐 / 물욕에 기울어짐 / 가정 내 문제 상황 / 허세 / 호색 / 게으름 / 돈을 너무 씀 / 외관에 치우침 / 팔방미인 / 모친에게 휘둘림
④	**The Emperor** [황제]		오만 / 자기 멋대로 / 다른 사람의 의견을 듣지 않음 / 자신감 상실 / 반성이 없음 / 독선 / 물욕이나 욕정에 휩쓸림 / 도박에서 짐 / 폭력적 / 충동적 / 경제적으로 어려워짐 / 허울뿐 / 거만한 사람
⑤	**The Hierophant** [교황]		쓸데없는 참견 / 철없는 생활 / 무관심 / 사치 / 태만 / 허세 / 허영심 / 고립무원 / 윗사람 복이 없음 / 감동이 없음 / 둔감 / 자기 멋대로 / 지나치게 진지함 / 다른 사람에게 상냥하지 않음 / 교활함
⑥	**The Lovers** [연인]		결단을 내릴 수 없음 / 지나친 간섭 / 애매해서 진전이 없음 / 집중력이 없어짐 / 배신 / 이별 / 짜증 냄 / 쾌락주의 / 잘못된 선택 / 싫증을 잘 냄 / 바람기 / 조직에서 탈퇴 / 쓸데없는 한마디 / SNS 구설 주의
⑦	**The Chariot** [전차]		무관심 / 자신감 과잉 / 건강을 챙기지 않음 / 무책임 / 현실감각이 부족 / 자립심이 부족함 / 움직임이 멈춤 / 강압 때문에 발생하는 인재 / 너무 앞서감 / 행동이나 생각을 고침 / 준비 부족 / 도전할 때가 아님 / 시기의 문제
⑧	**Strength** [힘]		불운 / 과신 / 허세 / 무기력 / 태만 / 권력의 남용 / 실력 발휘를 하지 못함 / 모함 / 내기에 실패함 / 역경 / 고난 / 진정되지 않음 / 누구도 믿을 수 없음 / 무딘 칼 / 목표를 찾지 못함 / 좌절함
⑨	**The Hermit** [은둔자]		완고 / 의심이 깊음 / 괴짜 / 신경과민 / 잔걱정이 많음 / 친구가 없음 / 은둔함 / 불통 / 여러 가지로 걱정함 / 연락이나 문장의 실수 / 갇혀 있음 / 완고해짐 / 권력의 불균형 / 고집 센 늙은이 / 형식에 지나치게 얽매임
⑩	**Wheel of Fortune** [운명의 수레바퀴]		불운 / 쇠퇴하는 운기 / 타개책이 없는 상태 / 어쩔 도리 없이 시간만 감 / 반역자나 혁명가가 나타남 / 괴로워짐 / 바꿀 수 없음 / 급격히 나빠지는 변화 / 근본적인 개혁을 하지 못 한 채 계속함

11	**Justice** [정의]		불공평 / 불만이 쌓임 / 건강을 챙기지 않음 / 치사한 행동을 함 / 실망 / 차가움 / 냉철한 판단 / 서류나 법률상의 실수로 문제가 발생함 / 공평하게 다뤄지지 않음 / 결말이 잘 지어지지 않음 / 패소 / 사람의 도리에 어긋남 / 인덕이 없음
12	**The Hanged Man** [매달린 남자]		아무 의미 없이 끝나는 노력 / 고생이 보상받지 못함 / 성장이 없음 / 이점이 없음 / 자기중심적 / 배우고 싶어도 배울 수 없는 상황 / 헛수고 / 깔끔하게 포기하는 것이 좋음 / 원하던 바와 다른 방향으로 감 / 가망 없는 일을 단념할 때
13	**Death** [죽음]		한번 끝을 맞이함 / 재생의 시기 / 재기 / 일보 직전에 부활함 / 다시 태어남 / 재생 / 멈춰 있던 상태가 해제됨 / 상황이 변하기 시작함 / 내면적인 결심이 섬 / 되돌아감 / 포기했던 일이 부활함
14	**Temperance** [절제]		변통이 원활하지 않음 / 감정적 / 충동적 / 조직 혹은 가정의 불화 / 등잔 밑이 어두움 / 경계심이 너무 강함 / 과유불급 / 불협화음 / 극단적인 상태 / 기운이 나쁨 / 동요하는 마음 / 기분이 나쁜 상태
15	**The Devil** [악마]		야심 / 권력 / 반성 / 출구를 발견함 / 게으른 상태에서 벗어남 / 해방됨 / 어쩔 도리가 없는 상태에 마침표를 찍음 / 힘든 상황에서 탈출 / 세뇌에서 해방 / 범죄에서 도망침 / 이판사판 내기에 나감
16	**The Tower** [탑]		와해하는 모양 / 붕괴 일보 직전에 버팀 / 가까스로 어떻게든 예측이 섬 / 구사일생 / 가장 중요한 것이 남음 / 혼자 남음 / 타협을 동반한 결과 / 아슬아슬한 상태 / 일보 직전 / 무로 돌아갈 때 / 각오 / 깔끔하게 인정함
17	**The Star** [별]		이상이 보이지 않게 됨 / 찾을 수 없는 무언가를 계속 찾음 / 현실의 가혹함 / 전망의 낙관 / 다툼이 일어남 / 긴 여정에 움츠러듦 / 절충안이 보이지 않음 / 구체성이 없음 / 비현실적인 꿈 / 인복이 없음
18	**The Moon** [달]		망설임이 사라짐 / 천천히 안정됨 / 시간을 들여 좋아짐 / 불안이 줄어듦 / 전망이 보이며 안심됨 / 벽이 없어짐 / 되살아남 / 위험을 회피 / 서서히 드러나는 진상 / 오랫동안 잊지 못했던 사람에게 연락이 옴 / 트라우마에서 해방 / 정신적인 각성
19	**The Sun** [태양]		갑작스러운 암전 / 취소 / 낭비 / 자기 마음대로 밝힘 / 건강을 잃음 / 계획 중지 / 불운 / 갑자기 앞날이 불투명해짐 / 낭비하고 있음 / 난항 / 기분이 가라앉음 / 눈에 띄게 쇠퇴함 / 어두운 미래 / 인기가 떨어짐
20	**Judgement** [심판]		기회가 없음 / 완전한 종언 / 희망이 부서짐 / 희생만 함 / 결단 실수 / 생각한 바와 다른 방향으로 감 / 너무 커서 무모한 대상이나 목표 / 과감한 결단이 필요함 / 방향성의 결여 / 이정표가 없음 / 생각을 멈추고 맒
21	**The World** [세계]		미완성 / 사태가 교착되어 어쩔 도리가 없음 / 혁신의 필요성 / 일이 순탄치 않음 / 진전이 없음 / 막다른 길에 다다름 / 한계를 느낌 / 성공하지만 시기가 맞지 않음 / 실현되지만 때늦음 / 좀처럼 해외로 나갈 수 없음

'마이너 아르카나' 키워드 조견표

완드 (정방향)

1		모든 것의 시작 / 도전 정신 / 활력이 넘침 / 모험의 시작 / 야망 / 의욕 넘치는 연애 / 적극적인 접근 / 상상 / 탄생 / 인연 / 강한 의지 / 자신감
2		시작 후의 경과는 순조로움 / 실적을 얻을 수 있는 계획의 수립 / 행동에 대한 반응을 기다림 / 지배하는 위치에 섬 / 승격 / 지도력 / 재산 / 부동산
3		성장 / 좋은 결과 / 성공 / 좋은 팀워크 / 도움 되는 조언 / 실적 / 행동의 결과(성공)가 나올 시기 / 앞으로 발전할 가능성이 아직 있음 / 공동사업 / 확립된 시스템
4		계획의 성취 / 편안해지는 장소 / 조화 / 번영 / 로맨스 / 연애에서는 서로 좋아해서 행복함 / 휴식 / 축복 / 만남
5		분쟁 / 충돌 / 말다툼 / 마찰 / 경쟁 / 의견 대립 / 절차탁마 / 마음의 갈등 / 성장 과정에서의 다툼 / 서로를 알아가기 위한 마찰 / 성장에 필요한 고생
6		승리 / 연애 성취 / 달성 / 경쟁에서 이김 / 협력자가 있어야 가능한 성공 / 약진 / 통합 / 보수(報酬) / 주위의 칭찬
7		대결 / 자신에게 소중한 것을 지키기 위해 싸움 / 유리한 위치에서의 방어 / 위기 상황에서 맞서 싸움 / 고군분투 / 마찰 / 방해
8		성공 / 아이디어나 꿈의 실현 / 목표 달성 / 빠르게 퍼지는 느낌 / 해외여행 / 장애물은 없음 / 스포츠나 기술의 훈련 등을 위해 노력함 / 상대방을 향한 한결같은 마음 / 기회의 도래 / 사태가 급변함 / 새로운 방향성 / 통신
9		지금까지 경험한 문제에 대응함 / 지금까지의 경험을 바탕으로 능숙하게 대응할 수 있음 / 병의 재발 / 헤어졌던 남녀가 다시 만남 / 지금까지 손에 넣은 것을 지킴 / 철저한 준비 / 문제가 발생해도 잘 극복함 / 장기전 / 수비 범위가 넓음
10		무거운 책임 / 압박감 / 혼자 떠안은 부담감 / 다른 사람에게 일을 넘겨야 함 / 부담감 때문에 우울함 / 이것저것 일을 너무 벌임 / 페이스 조절이 되지 않음
페이지		소통을 잘 하면 행운이 있음 / 정보를 모으면 좋음 / 친절한 마음이 중요 / 성실한 사람 / 성의가 있는 연인 / 전령 / 신뢰할 수 있는 인물 / 잠재 능력
나이트		기운을 내면 승리함 / 사랑이 찾아옴 / 선물을 받을 수 있음 / 여행에 행운이 있음 / 열정적 / 독립심 / 용기 넘치는 행동 / 이동 혹은 이사
퀸		상냥한 여성의 도움이 있음 / 용돈이 오름 / 노력은 보상받음 / 우정이 점점 사랑으로 변함 / 너그러움 / 천진난만 / 총명함 / 남을 잘 돌봐줌 / 여장부 / 적극적
킹		성의를 인정받음 / 시기심이 솟음 / 한 만큼의 보람이 있음 / 권력자 / 기개가 있음 / 든든하고 믿음직함 / 정열가 / 선견지명

완드 [역방향]

1		나약함 / 목표로 향하는 길에 역경이 많음 / 자기중심적 / 쇠퇴 / 의욕이나 열정이 식음 / 지나친 기획으로 망함 / 잘못된 시작 / 결의가 흔들림 / 출발이 어려움
2		자신감 상실 / 속박에 대한 고뇌 / 자립할 수 없는 초조함 / 불안 / 고립 / 구체적으로 시작할 수 없음
3		좀처럼 성장하지 않음 / 좀처럼 성공하지 않음 / 협력자가 없음 / 팀워크가 나쁨 / 자만심 / 정체 / 지연 / 실망 / 변덕 / 일관성이 없음
4		행복한 느낌은 있으나 정방향보다 약간 약함 / 행복은 저 멀리 희미하게 보임 / 헛됨 / 여가 / 오락 / 수동적인 자세 / 낭비
5		충돌이나 고생을 피함 / 상황의 개선 / 타협점을 발견함 / 대항전 / 무익한 경쟁심 / 쓸데없는 에너지
6		패배 / 연애에서 경쟁자에게 짐 / 상대가 바람남 / 승리는 아직 먼 이야기 / 배신 / 의혹 / 열세 / 자만심 / 허세 / 연기 / 방심
7		위기 상황은 없음 / 대결하지 않고 끝남 / 나약함 / 과감한 행동을 취할 수 없음 / 우유부단 / 철수 / 수고한 보람이 없음 / 곤혹 / 역부족 / 신념이 흔들림
8		주제넘게 참견함 / 심한 질투 / 싸움 / 여행은 중지 / 기세가 없어짐 / 무언가를 강요당함 / 방향을 잃음 / 간섭이 있음 / 우유부단
9		무방비 / 과거와 같은 실패를 함 / 경솔함 / 겁쟁이 / 방심 / 너무 약해져 공격당함 / 준비해 두었으면 좋았을 사건
10		일부러 실패함 / 무거운 짐에서 해방 / 손 뗌 / 분산 / 강한 의지
페이지		생각지 못한 문제가 발생함 / 연락 실수에 주의 / 누구에게도 말 못 하고 고생함 / 의지할 곳 없는 사람 / 눈치 없음 / 답변이 없음 / 겁쟁이 / 무법자
나이트		실망할 일이 있음 / 연인을 뺏김 / 여행 중에는 철저한 주의를 / 편견 / 야심가 / 결렬 / 약속의 불이행 / 단편적임 / 다혈질
퀸		시기심이 솟음 / 한 만큼의 보람이 있음 / 여성인 친구에게 상담하면 좋음 / 히스테릭 / 의존심이 강함 / 제멋대로인 사람 / 쓸데없는 참견
킹		의지가 되지 않는 남성 / 무책임한 태도가 반발을 부름 / 다른 사람의 의견을 들어서 좋은 결과를 얻음 / 방자한 사람 / 독선적임 / 독재자 / 공격적임

펜타클[정방향]

1	끈기 있게 계속하면 계획은 성공함 / 새로운 수입 / 착실한 한 걸음 / 달성의 한 가지 / 번영 / 성과가 나오기 시작함 / 육성을 시작함 / 성의가 있는 상대 / 진지한 사랑 / 자연스럽게 접함
2	변화에 잘 대응함 / 변통이 능수능란함 / 두 가지가 양립함 / 임기응변 / 재주가 좋음 / 뛰어난 적응능력 / 교류 / 나눔
3	숙련 / 성공 / 기술이 성장함 / 결혼 · 서로 좋아함 / 정신적인 성숙 / 성실함 / 진보 / 기술이 좋은 평가를 받음 / 숙달 / 장인의 기술
4	일단 휴식 / 충전 기간 / 일시적인 휴전 / 명상 / 영업 정지 / 파업 / 고독 / 앓은 뒤 회복
5	곤란 / 실업 / 고독 / 외로움 / 건강하지 않음 / 소중한 마음 기댈 곳을 잃음 / 신념을 잃음 / 우울함 / 바로 옆에 있는 행복을 놓침
6	당연한 보수를 받음 / 투자에 성공함 / 인재를 도움 / 투자 / 모금 / 기부 / 자선 사업 / 봉사활동 / 주는 기쁨 / 이익을 나누어 가짐 / 헌신한 만큼 보답받음 / 공평 / 은인 / 교섭
7	현재 상황을 향한 불만 / 부족함 / 지루한 일 / 열심히 한 후에 결과를 되돌아봄 / 이상과 현실을 비교함 / 현재 상태에 흥미를 잃음 / 불만 때문에 다음을 생각함
8	자기 수련 / 직업 훈련 / 묵묵히 한결같이 열심히 함 / 성실한 자세 / 보다 높은 수입으로 이어지는 길 / 좋은 스승을 만남 / 미래의 성공을 내다본 노력 / 장인 기질 / 고등 기술
9	발탁 / 자립 / 프리랜서가 됨 / 독립해서 자유를 얻음 / 자신감 / 부를 얻음 / 차곡차곡 쌓아 온 결과, 성공함 / 여러 일을 지휘할 수 있는 지위에 오름 / 꿈의 실현 / 출세
10	가족의 번영 / 경제적인 안정 / 보장 / 순조로움 / 한 단계 위로 스텝업 / 대기업 / 관공서 / 전통적인 방법과 안정 / 유산을 받음 / 전통 / 조상의 도움 / 저축 / 완성 / 부 / 상속
페이지	공부하고 싶어짐 / 지적 호기심으로 넘쳐남 / 반성하는 마음이 강해짐 / 사물을 진지하게 고찰함 / 근면함 / 노력가 / 유망주 / 안심 / 안정감이 있음
나이트	교칙을 지킴 / 인내심이 강해짐 / 물질적인 운이 좋아짐 / 성적이 점점 오름
퀸	재주가 많음 / 개인 공부에 진전이 있음 / 취미를 가짐 / 야무진 사람 / 포용력 / 유익함 / 옹호 / 지지 / 금전 운이 있는 여자
킹	돈 많은 남자 / 의지가 되는 사람 / 강력한 아군 / 성공한 사람 / 실력자 / 이목을 모음

펜타클 (역방향)

1 돈이나 결과에 집착함 / 구두쇠 / 계획은 실패함 / 경제적인 불만 / 미숙함 / 손실 / 분방 / 탐욕

2 키울 수 없음 / 성실하지 못한 상대 / 이루어지지 않는 사랑 / 도시의 꽉 막힌 느낌

3 수고를 덞 / 남들 몫의 반밖에 안 되는 미숙한 기술 / 적당한 태도 / 능력을 발휘하기 싫어함 / 평범 / 추가 시험

4 휴식의 끝 / 행동으로 옮길 때 / 문제의 해결법을 찾음 / 다시 한번 싸움으로 돌아감

5 채무 초과 / 실업 / 빈곤 / 경제적인 결핍으로 인한 혼란

6 받아들여야 하는 일을 받아들이지 못함 / 투자는 실패함 / 불공평한 분배 / 계약 문제 / 최선을 다해도 무의미해짐 / 탐욕 / 위선 / 부채 / 부당한 노동 / 달갑지 않은 친절

7 돈에 대한 걱정 / 불만이 있어도 풀지 못함 / 현재 상황에 대한 환멸 / 노력이 보상받지 못하는 허무함 / 어중간한 업무

8 능력은 있는데 적당한 일을 함 / 컨닝 / 불성실 / 나쁜 짓을 해서 올라감

9 낭비함 / 자금을 잃음 / 자신감이 없어짐 / 자기 생각을 믿지 못함 / 중요한 것을 잃음 / 무효 / 실효 / 분실

10 가정불화 / 자금 융통에 고생함 / 좀처럼 다음 단계로 나아가지 못함 / 유산을 잃음 / 집안의 몰락 / 상속 분쟁 / 가계가 불안정해짐 / 불명예 / 한계

페이지 지나치게 말을 잘 들음 / 농담이 통하지 않음 / 일방적인 사랑 / 자기 생각을 강요하고 싶어 함 / 촌스러움 / 유치함 / 게으른 습관

나이트 독선적 / 모두의 이야기를 따를 수 없음 / 정체함 / 쉽게 망설이게 됨 / 행동이 어긋남 / 완고함 / 부주의

퀸 책임을 회피함 / 절약 정신을 발휘함 / 거짓말만 해댐 / 병에 걸림 / 올바른 답을 찾지 못함

킹 능력의 악용 / 알랑거림 / 권위에 집착함 / 부정 / 완고함 / 융통성이 없음

소드 [정방향]

1	전략을 세움 / 고난에 맞섬 / 굳센 의지력 / 사고적 / 결단하여 시작함 / 사랑의 밀고 당기기에서 이김 / 캐릭터 확립 / 냉정한 판단 / 지적인 상대 / 지고한 사랑
2	두 가지 선택지 중 어느 쪽이 좋을지 확인하고 있음 / 흐름에 맡김 / 수동적 / 판단을 나중으로 미룸 / 교착 상태 / 우유부단 / 딜레마 / 임시방편
3	슬픔 / 이별 / 실연 / 이혼 / 오래된 것을 떼어냄 / 외과 수술 / 상실 / 실망 / 가슴이 터질 듯한 감정
4	건실한 경영 / 안정 / 빈틈없이 지킴 / 견실함 / 독점 / 제대로 된 조직 / 성공의 기술 / 물건이나 돈에 대한 집착 / 권한을 넘기지 않음 / 참신한 아이디어가 무시당함 / 소유
5	복수 / 질투와 악의 / 잔인함 / 주변 시선에 아랑곳하지 않는 방식 / 악랄한 수법 / 대충하는 태도 / 빼앗은 것을 함부로 취급함 / 장례식 / 폭력 / 다툼 / 구조조정 / 오명
6	도피 / 사물을 보는 방식이 바뀜 / 피함으로써 마음이 안정을 찾음 / 곤란에서 탈출 / 여행 / 이사 / 이직 / 이동하는 시기 / 출발
7	배신 / 자멸 / 모르는 새에 피해가 진행됨 / 도둑 / 도난 / 쉽게 사람을 믿지 않도록 / 유혹 / 흥정 / 천박한 언행
8	꼼짝 못 하게 됨 / 다른 사람의 의견에 휘둘림 / 어떻게 하면 좋을지 모름 / 속박 / 분명하게 주장할 수 없음 / 스스로 만든 제약 / 활동의 휴지 / 제한
9	슬픔과 실망 / 주변 상황을 모르는 데서 오는 고뇌 / 정신적인 고통 / 걱정 / 불면 / 욕을 먹음 / 너무 고민되어 혼란스러움 / 어떻게 하면 좋을지 모르게 됨 / 소중한 사람 때문에 고민함 / 슬픔과 절망의 밑바닥
10	최악의 상태 / 자업자득 / 계획의 좌절 / 불운 / 무거운 짐을 짊어짐 / 상처받음 / 병 / 어쩔 도리가 없는 사건
페이지	조심성 많은 행동 / 인스피레이션이 분명함 / 자세히 조사할 일 있음 / 깊이 관여하는 것은 금물 / 지적(知的) / 근면함 / 밀고 당기기가 능숙함 / 아군이 되면 든든한 존재
나이트	의욕 가득 / 언제나 긍정적인 자세 / 건강 상태 양호 / 장애물을 넘어 돌진함 / 용감함 / 기민함 / 유능함 / 집중력 / 영웅 / 일 처리가 능숙 / 속도
퀸	좋은 아이디어가 나옴 / 개성이 강함 / 깊은 감수성의 소유자 / 이성이 좀처럼 다가가지 못함 / 조용함 / 교육적인 배려 / 강인한 의지 / 통찰력
킹	지배욕이 있는 남성 / 리더십 / 생각을 분명히 말함 / 사랑을 이룸 / 억지가 강함 / 지도자 격의 위치 / 지적임 / 정신적인 지배 / 카리스마

소드 [역방향]

1 두려움 / 불안한 시작 / 나약함에 의한 실패 / 부담감에 고민함 / 두려움에서 비롯된 공격 / 협박 / 오산 / 좌절 / 무계획적이라 실패 / 너무 냉정한 상대 / 생각이 맞지 않음 / 허울뿐인 연애

2 상황에 떠밀리듯 결정함 / 충분한 논의를 거치지 않은 실행의 오산 / 지레짐작하여 실패함

3 예견된 슬픔 / 고통이 적게 끝남 / 회복의 시작 / 작은 수술 / 혼돈 / 곤혹

4 안정이 무너짐 / 엉성한 관리 / 지나치게 집착해서 실패함 / 너무 고집스러워서 미움받음 / 너무 보수적이라서 실패함 / 안전책이 예상에서 어긋남 / 물욕 / 돈 벌 궁리만 함 / 버릇없음

5 뺏거나 뺏김 / 희생됨 / 가는 길에 폭풍우 / 관계 회복의 필요성

6 운이 꽉 막힘 / 피할 수도 없음 / 꼼짝 못 함 / 방향 전환의 필요성 / 계획의 변경

7 치사함 / 본심 / 반성을 촉구함 / 비판을 받음 / 사태의 악화

8 구속에서 벗어남 / 다른 사람에게 간섭받지 않게 됨 / 자유 / 자기 의견이 분명해 짐 / 기다림의 중요성

9 고뇌를 극복하고 굳건하게 살기 시작함 / 고뇌는 해결함 / 힘들어도 믿을 수 있음 / 지금은 괴로워도 언젠가 어떻게든 되리라 생각할 수 있음

10 패자부활전 / 이제 떠오르기만 하면 됨 / 한 줄기 빛 / 재도전

페이지 돌발적인 사건이 있음 / 준비 부족으로 실패함 / 마음이 불안정해짐 / 권력에 대해 무기력해짐 / 감각으로 움직이는 스타일 / 무계획 / 무관심 / 무책임 / 논리적으로 생각해서 세세한 계획을 세움

나이트 자만함 / 실패 / 뻔뻔한 사람 / 문제가 끊이지 않음 / 충동구매에 주의 / 성급함 / 실수가 잦음

퀸 속이 좁음 / 다른 사람에게 공포감을 줌 / 비상식 / 입이 걸어서 평판이 나쁨 / 복수하려고 함 / 초조함 / 불안정 / 편견 / 비판적

킹 난폭하고 신뢰할 수 없는 남성 / 억지로 강요받음 / 가까이하지 않는 편이 좋음 / 사랑의 이별 / 문답무용 / 독재자 / 폭군 / 계약 위반

컵 [정방향]

1		연애의 시작 / 순수한 애정 / 공동사업의 시작 / 환희 / 풍분한 감수성 / 더 아름다워짐 / 수용 / 배려심 있는 상대 / 이상적인 사랑의 시작
2		순수한 감정의 폭발 / 연애의 시작 / 감정 교류의 시작 / 순수한 애정 / 공동사업의 시작 / 환희 / 감수성 / 아름다움 / 애정 / 수용
3		자신과 상대뿐만 아니라 주변도 포함한 좋은 관계 / 팀워크가 좋음 / 화기애애 / 축복받은 결혼 / 동아리 · 동호회 활동이 즐거움 / 단체행동 / 미팅 / 연대감
4		행동을 멈추고 생각함 / 현재 상태에 대한 불만 / 무언가 부족한 느낌 / 언젠가는 행동함 / 지금은 생각할 때 / 명상 / 지금 이대로 좋은지 묻고 있음 / 생떼를 씀 / 불만 / 지긋지긋한 기분
5		낙담 / 실망 / 후회 / 아직 깨닫지 못한 구원이 있음 / 잃어도 얻을 것도 있음 / 전부 잃은 것은 아님 / 조직 분열 / 상실감
6		아름다운 과거 / 유년 시절 / 옛날에 익힌 솜씨 / 동창회 / 행복한 추억 / 가족 이벤트 / 행복한 가정 / 아이들
7		우유부단 / 다른 쪽에 눈길이 감 / 꿈을 꾸는 듯한 기분 / 이래도 좋고 저래도 좋고 / 유혹 / 망상 / 환영 / 낙관적인 전망 / 지금은 어떤 선택지도 현실적이지 않음 / 혼란 / 우울한 상태
8		흥미를 잃음 / 현재 상황을 방치함 / 더 위의 것을 목표로 하기 위해서 지금까지 얻은 것은 어찌 되어도 괜찮아짐 / 힘의 교대 / 소중한 것이 바뀜 / 새로운 여정의 시작 / 귀찮은 시기를 이겨내면 언젠가 호전됨
9		대만족 / 원하던 바를 달성 / 육체적인 건강 / 쾌락 / 예상외의 행운 / 권리의 계승 / 부전승 / 충족감 / 서프라이즈 / 보증
10		성취 / 행복한 가정 / 안정된 가정생활 / 행복이 계속됨 / 만족과 달성 / 스스로 주위를 행복하게 함 / 영속성이 있는 파트너십 / 행복한 결혼 생활
페이지		자발적인 태도 / 조심성이 호감을 일으킴 / 빅뉴스가 들림 / 사랑의 꽃이 조용히 핌 / 상상력 / 개성 있음 / 만인에게 사랑받음
나이트		친구의 방문이 있음 / 서로 이야기한다면 해결됨 / 희망은 한참 후에 이루어짐 / 좋은 경쟁자의 출현 / 평화로운 정복 / 친절함과 용맹함
퀸		정직함이 행운을 불러옴 / 선량한 여성의 도움 / 착실한 성공 / 약간의 행운 / 봉사활동 / 모성 / 평온함 / 예술 / 현모양처 / 치유
킹		신뢰도가 높음 / 공평한 사고방식의 남자 / 좋은 상담 상대 / 공부가 진전이 있음 / 사랑의 예감 / 온후함 / 관대함 / 도량이 깊음

컵(역방향)

1 기분을 솔직하게 표현할 수 없음 / 제멋대로인 애정 / 좀처럼 시작되지 않는 연애 / 식어버린 애정 / 직감이 어긋남 / 상상력의 결여 / 여성성의 결여 / 애정 부족

2 의리 없음 / 불안정 / 낙담 / 실연 / 일방통행 / 문제 상황 / 절교 / 약속을 깸

3 지나치게 풍족해서 못 쓰게 됨 / 삼각관계 / 파혼 / 팀워크가 나쁨 / 폭음 폭식 / 무관심 / 친구들이나 동료와 다툼 / 흐지부지됨

4 생각할 시기는 이미 끝남 / 행동으로 옮길 때 / 새로운 변화 / 주변과의 관계를 다시 맺음 / 결론이 나서 행동으로 드러남 / 개척 / 이직 / 시동 / 새로운 사업

5 희망 / 적은 손실 / 후회 없이 끝남 / 굴레 / 새로운 출발 / 복귀 / 재개 / 옛정을 돈독히 함

6 과거에 대한 집착 / 집착을 버릴 수 없음 / 원하지 않은 재회 / 과거의 추억이 문득 떠오르는 때 / 유산 / 가족 간의 문제 / 배은망덕

7 무엇이 좋은지 보이기 시작함 / 결의가 섬 / 결단이 실현되어 감 / 안개가 걷힘 / 목숨을 건 판단 / 평상심을 되찾음

8 기쁨 / 축제 / 파티 / 새로운 사람과의 관계 / 좋지 않은 시기의 끝 / 축하 / 일단락

9 오만 / 고생을 모름 / 폭거 / 노력 부족 / 마무리가 허술함 / 방심

10 불만족 / 성취가 없음 / 가정 내 불화 / 미완성 / 우정을 잃음 / 나약함 / 의지가 되지 않음 / 응석 / 지역사회와의 문제 / 친구를 잃음

페이지 사소한 일로 싸움 / 혼자 끙끙대다 손해 봄 / 엄마에 대한 애정 / 기다리면 행운이 옴 / 주의 산만 / 공부 부족 / 응석

나이트 못된 꾀를 부림 / 싫어하는 사람에게 속음 / 사기당할 위험이 있음 / 사랑은 가시밭길 / 우유부단 / 주위에 휩쓸리기 쉬움 / 불성실

퀸 괴롭힘당함 / 싫어하는 여성 / 고자질에 주의 / 의욕을 잃음 / 애정은 점점 희미해짐 / 의존심이 강함 / 바람둥이 / 독점욕

킹 거짓말쟁이 남성 / 불공평한 사람 / 장애물이 생겨남 / 애정이 무너질 가능성이 있음 / 신뢰할 수 없음 / 사나운 성정 / 불성실 / 겉과 속이 다른 사람

Motto Yomitoku Tameno Oboenai Tarot 「ShoArcana」Hen

암기할 필요 없는 타로2
마이너 아르카나 편

1판 1쇄 인쇄 2024년 12월 3일
1판 1쇄 발행 2024년 12월 10일

지은이   미미코
옮긴이   김수정
펴낸이   김기옥

실용본부장   박재성
마케터   서지운
지원   고광현, 김형식

디자인   푸른나무디자인
인쇄·제본   민언프린텍

펴낸곳   한스미디어(한즈미디어(주))
주소   121-839 서울시 마포구 양화로 11길 13(서교동, 강원빌딩 5층)
전화   02-707-0337
팩스   02-707-0198
홈페이지   www.hansmedia.com
출판신고번호 제313-2003-227호
신고일자   2003년 6월 25일

ISBN   979-11-93712-66-5 (13180)

책값은 뒤표지에 있습니다.
잘못 만들어진 책은 구입하신 서점에서 교환해 드립니다.